s e r v i c e   s c i e n c e

지식경제 시대의

서비스 사이언스

김광재 김용세 김현수 박광태 박근완
양인석 이강윤 이상원 임호순 현소영 공저

생능출판사
Life & Power Press

머리말

글로벌 경쟁하에서 기업은 조직 내·외부의 끊임없는 도전에 직면하고 있다. 경제의 서비스화가 성숙되어 가면서 세계적인 기업들과의 경쟁에서 승리하기 위해서 서비스 혁신의 필요성이 점점 커지고 있다. 또한 서비스 산업의 비중이 증대되면서 서비스 혁신에 대한 과학적 접근이 필요하게 되었다.

이 책은 서비스사이언스 개론서를 출간한 지 4년이 지난 시점에서, 그동안의 연구 동향을 정리하고, 향후 연구 방향을 안내하기 위해서 기획되었다. 서비스사이언스는 서비스에 대한 학문이다. 사회과학이 사회에 대한 학문이고, 자연과학이 자연에 대한 학문이듯이 서비스사이언스는 서비스에 관련되는 제반 학문이다. 서비스 산업의 본질을 규명하고, 이를 바탕으로 혁신과 생산성 향상을 이루기 위해 기술, 경영, 사회과학, 경제, 산업공학 등 여러 분야의 지식을 종합하는 신학문이다. 따라서 방법론의 중요성이 크다. 좋은 방법론이 많이 개발되면 발전하고, 서비스 혁신도 활성화되는 것이다.

이 책은 그동안의 국내외 연구 동향을 먼저 소개하였다. 특히 서비스사이언스 분야에서 가장 많은 연구 인력을 보유하고 있는 IBM에서 국외의 연구 동향을 체계적으로 소개하였다. 그리고 신서비스 개발과 서비스 가치 분석 등의 주요 분야에 대한 방법론과 최신 동향을 소개하였으며, 제품–서비스 융합 시대에 맞는 통합시스템 디자인 방법론을 제시하였다. 또한 제조업이 중심인 우리 경제에서 가장 중요한 화두인 제조업의 서비스화 방법론을 서비스화라는 보편적 주제하에 심도 깊게 소개하였다.

이러한 방법론 소개를 통하여 이 책은 연구자들과 일반인들로 하여금 서비스사이언스 연구를 보다 용이하게 수행하고, 서비스 혁신을 보다 신속하게 하도록 도움을 줄 것으로 기대된다. 연구자들에게는 연구를 심화시킬 좋은 재료를 제공하는 것이며, 기업의 실무자들에게는 서비스 혁신을 실천할 가이드라인을 제공하는 것이다. 또한 일반인에게는 서비스사이언스의 구체적인 실체를 안내하고, 스스로 서비스 혁신의 주체가 될 수 있도록 지원하는 것이다.

이 책은 대학 고학년이나 대학원에서 서비스사이언스 및 서비스 혁신 관련 과목을 강의할 때 교재나 부교재로 할용할 수 있을 것이며, 기업에서 서비스 혁신 작업을 기획하거나 수행할 때 참고 도서로 활용할 수 있을 것이다.

2011년 1월 저자 일동

차 례

Chapter 1 서비스사이언스 개요

Chapter 2 서비스사이언스 연구 사례

CONTENTS

CONTENTS

CONTENTS

CONTENTS

Chapter 6 서비스 전달시스템 분석 방법론

CONTENTS

Chapter 1

서비스사이언스 개요

SERVICE SCIENCE

김현수(국민대학교 교수)

서울대학교에서 공학사, 한국과학기술원에서 경영과학 석사, 미국 University of Florida에서 경영학 박사를 취득하였으며, 현재 국민대학교 경영대학 경영학부 교수로 재직 중이다. University of California, Berkeley에서 연구교수, University of Florida의 객원교수, (주)데이콤 주임연구원, 한국정보문화진흥원 정책연구부장 등을 지냈으며, 현재 (사)한국IT서비스학회 회장과 (사)서비스사이언스전국포럼 공동대표, (사)서비스사이언스학회 수석부회장을 맡고 있다. 저서로는 **《서비스사이언스》**(2006, 매경출판, 공저), **《프로젝트관리》**(2005, 전자신문사, 공저), **《경영혁신론》**(2005, 국민대출판부), **《정보시스템진단과 감리》**(1999, 법영사), **《통합사무자동화론》**(1996, 박영사, 공저) 등이 있으며, 주요 연구결과는 Omega, European Journal of Operational Research, Intelligent Systems in Accounting Finance and Management, Journal of Software Maintenance and Evolution: Research and Practice 등의 국제 학술지와 한국IT서비스학회지를 비롯한 다수의 국내 학술지에 발표하였다. 현재 관심 분야는 경영혁신, 서비스경영, 서비스사이언스 등이다.

서비스사이언스 정의

서비스에 대한 학문

서비스사이언스는 서비스에 대한 학문이다. 사회과학이 사회에 대한 학문이고, 자연과학이 자연에 대한 학문이듯이, 서비스사이언스는 서비스에 관련된 모든 학문을 말한다. 더 구체적으로, 서비스사이언스는 서비스 산업의 본질을 규명하고, 이를 바탕으로 혁신과 생산성 향상을 이루기 위해 기술, 경영, 경제, 사회과학, 산업공학 등 여러 분야의 지식을 종합하려는 시도에서 탄생된 신학문이다. 2004년 미국 국가경쟁력위원회에서 미국혁신(Innovate America) 방법론으로써 처음 대두되었다. 2007년 8월 미국국가혁신투자법(The U.S. National Innovation Investment Act)이 미국의 상하 양원에서 통과되면서 서비스사이언스가 빠르게 확산되고 있다.

이 법안에서는 서비스사이언스를 "컴퓨터과학, 오퍼레이션스 리서치, 산업공학, 비즈니스전략, 경영과학, 사회과학, 법학 등의 요소를 결합하여 창조되는 과학, 공학, 경영학적 학문에 개별 학문을 따로따로 적용해서는 이루어낼 수 없는 조직의 혁신과 가치 창출을 종합적으로 적용할 수 있도록 설계된 커리큘럼, 교육훈련, 연구 프로그램을 의미한다."라고 정의한다.[1)]

하지만 대체로 서비스사이언스는 위와 같은 미국식의 구체적인 정의보다는 '서비스에 대한 학문'을 통칭하는 이름으로 넓게 이해되고 있다. 예를 들어, 유럽에서는 많은 학자와 실무자들이 서비스사이언스보다는 서비스공학 등의 용어를 주로 사용한다. 이것이 더 구체적이고 개념이 손에 잡히기 때문이다. 이 책에서는 서비스사이언스를 '서비스 혁신을 위해 과학을 적용하는 학문을 통칭하는 이름'으로 중간 수준으로 정의한다.

서비스 시스템에 대한 연구

서비스사이언스는 또한 서비스 시스템에 대한 연구이다. 서비스 시스템은 사람, 기술, 내·외부 시스템을 연결하는 가치제안, 공유정보 등으로 함께 가치를 창출하는 시스템이다.[2)] 따라서 서비스 시스템의

1) The term 'service science' means curricula, training, and research programs that are designed to teach individuals to apply scientific, engineering, and management disciplines that integrate elements of computer science, operations research, industrial engineering, business strategy, management sciences, and social and legal sciences, in order to encourage innovation in how organizations create value for customers and shareholders that could not be achieved through such disciplines working in isolation.

2) Value-co-creation configurations of people, technology, value proposition connecting internal and external systems, and shared information

4대 요소는 사람, 기술, 내 · 외부 시스템(가치제안), 공유정보(법, 재무 등)이다. 특히 사람은 서비스 제공자, 서비스 사용자, 내부고객, 외부고객 등 다양한 범주로 구분되므로 이용을 활성화하기 위한 연구는 더욱 복잡해진다. 서비스사이언스는 이와 같은 서비스 시스템에 대한 연구이며, 과학을 이용하여 서비스 시스템을 혁신하는 것이다.

서비스 시스템을 이해하기 위해서는 서비스 중심적 사고방식으로 특성을 분석해야 한다. 우선 제조와 서비스의 근본적인 차이를 항상 인지하는 것이 중요하다. 아래 그림과 같이 고객의 입력이 서비스 생산과정에 매우 중요하게 작용하는 서비스의 특징이 서비스 시스템 이해와 서비스사이언스 연구 과정에 내재화되도록 해야 한다. 또한 다음 표와 같이 서비스 중심 논리로 서비스 시스템을 이해해야 한다.[3)]

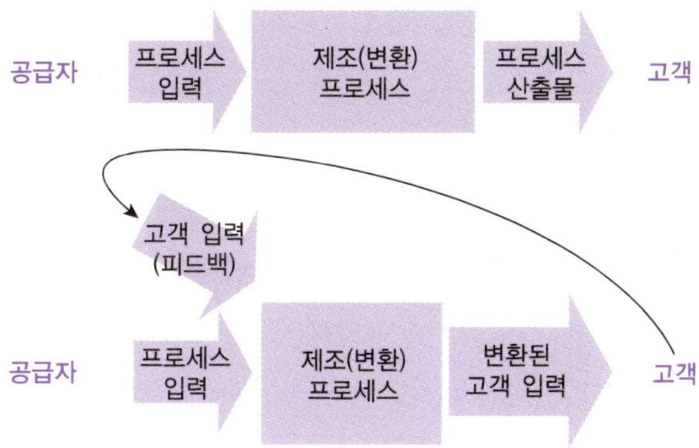

[그림 1-1] 서비스 철학의 중요성

3) Lusch, R.F., Vargo, S.L. and Wessels, G., "Toward a Conceptual Foundation for Service Science: Contribution from Service-Dominant Logic", IBM Systems Journal, Vol.47, No.1, 2008.1, pp.5-14

<표 1-1> 서비스 중심 논리

제품 중심 논리 (from good-dominant logic)	서비스 중심 논리 (to service-dominant logic)
정태적 자원(operand resources)	동태적 자원(operant resources)
자원 획득(resource acquisition)	자원화(resourcing) : 창조, 통합 및 저항 제거(creating & integrating resources & removing resistances)
제품과 서비스(goods & services)	서비스와 경험(servicing & experiencing)
가격(price)	가치제안(value proposing)
촉진(promotion)	대화(dialog)
공급사슬(supply chain)	가치창출 네트워크(value-creation network)
행동 극대화(maximizing behavior)	교환을 통한 학습(learning via exchange)
시장/고객에 대한 마케팅('marketing to')	시장/고객과 함께하는 마케팅(collaborative marketing 'marketing with')

서비스 시스템은 전통적인 생산 및 공급 중심 시스템과는 다른 특징을 가진다. 서비스 공급자와 서비스 수요자가 함께 서비스 시스템을 만들고 제공하는 것이다. 시스템은 중립적인 객체이므로, 이 객체를 고객과 함께 만들어가는 것이다. 다시 말해, 공급자는 고객과 함께 서비스 시스템을 설계하고, 공급 후에도 설계된 철학에 기초하여 서비스를 수행한다.

한편 시스템과 관련된 자원의 획득에 대해서도 서비스 시스템의 관점을 가지면 달리 해석된다. 즉, 자원화(resourcing)를 잠재적인 자원을 독특한 효익으로 전환하는 활동(activity)으로 정의한다. 이러한 활동에는 3가지 본질적인 측면, 즉 자원생성(resource creation), 자원통합(resource integration), 장애제거(resistance removal)가 있다. 무형의 자원을 유형의 자원으로 창조하고, 서로 관련이 약한 자원들을 통합하여 하나의 유의미한 자원으로 생성해내고, 자원 활용에 장애가 되는 이슈를 제거하는 세부적인 활동이 있는 것이다.

서비스 시스템에서는 '고객의 경험을 이해' 하는 데 초점을 맞추어야 한다. 서비스 제공의 '효율성' 이 아니라, 고객의 필요에 부응하여 그 필요를 충족시킬 수 있도록 '효과성' 에 초점이 맞추어져야 하는 것이다. 고객은 수동적인 고객이 아니라, 가치를 창출하기 위해 서비스 조직에 자원(input)을 제공하는 주체이며 통합자(integrator)이다. 즉, 서비스 시스템 가치를 함께 창출하는(value coproduction configuration) 것으로 보는 개념과 같다. 기업이 가치를 창출하는 것이 아니라, 가치제안 과정에서 조직 스스로 오직 어떤 역할을 하느냐를 결정할 수 있다는 것이다.

더 나아가서, 고객은 가치를 함께 창출하는 동태적 자원(operant resources)이다. 따라서 '서로를 신뢰하고, 함께 배우며, 서로에게 적응' 하는 것이 매우 중요하다. 양방향 대화(dialog)를 중시하고, '서로의 관점을 이해' 하고, 상호작용을 통하여 서로 듣고 배우기 위한 '적합한 조건(suitable condition)' 을 만드는 데 초점을 맞추어야 한다.

서비스 시스템 자체가 바로 '대화(conversation)' 의 장인 것이다.

서비스 시스템의 공급사슬은 선형적이 아니다. 서비스의 일부만을 조직에서 직접 수행하고 많은 다양한 서비스를 다른 조직에 아웃소싱할 수 있다. 이를 통하여 특정 역량에 집중할 수 있고, 서비스 품질과 생산성을 높일 수 있다. 서비스 시스템을 네트워크라는 관점에서 볼 때 공급사슬의 개념을 바꿀 필요가 있다. 네트워크는 선형적이고 수직적인 통합에 제한을 두지 않는다. 거의 무한한 방식으로 정렬시킬 수 있기 때문에 서비스 시스템의 네트워크는 혁신과 경쟁우위의 중요한 원천이 될 수 있다.

서비스 중심 논리에서는 고객을 동태적 자원으로 보기 때문에, 고객은 가치를 공동으로 창출하는 '협력적 파트너'가 된다. 바로 고객과 함께하는 마케팅(marketing with) 접근법이다. 고객에 대한 마케팅(marketing to) 개념에서는 고객을 외생변수로 보지만, 고객과 함께하는 마케팅 개념에서는 내생변수와 협력적 가치창출 파트너로 본다.

서비스사이언스는 위와 같은 관점에서 서비스를 과학적인 방법으로 접근하여 문제점을 개선하고 서비스를 혁신하는 데 관련된 학문이다. 서비스사이언스는 서비스 품질과 생산성 향상, 신서비스 창출, 고객만족 증대 등을 포함한 다양한 목표를 달성하기 위한 제반 학문적 노력이며, 이러한 노력을 과학적 방법으로 체계화한 모델, 방법론, 분석도구 등을 제시한다.

서비스사이언스 연구 개요

서비스사이언스는 주로 서비스 혁신을 위해 유용하게 사용된다. 사이언스(과학)는 진실을 검증해내기 위해 관찰, 실험, 증명, 수치화 등 객관적이고 합리적인 방법들을 고안해내 어려운 시험을 거친다. 서비스사이언스는 주먹구구식의 서비스 혁신이 아니라, 이러한 과학적 방법론에 의해 서비스 혁신을 도모하는 것이다. 그러므로 서비스 경제에서 서비스사이언스의 중요성은 더욱 커지고 있다.

서비스사이언스 연구란 분야 간 융합연구를 통하여 서비스 산업의 발전에 유용한 지식을 발굴해내는 연구개발 활동을 말한다. 좀 더 자세히 말하면, 서비스사이언스 연구(R&D)란 서비스 부문의 획기적인 혁신을 통한 서비스 산업의 경쟁력 강화를 위하여 여러 분야의 지식을 종합하여 체계화하고 과학적인 방법(관찰, 실험, 증명, 수치화 등의 객관적이고 합리적인 방법)으로 융합을 이루어내는 연구개발 활동을 의미한다.

아직 연구자와 연구 자료가 충분하지 않은 새로운 학문인 서비스사이언스 연구는 서비스 연구(R&D)와 종종 동일한 개념으로 사용된다. 서비스 연구에 대해서도 서비스 분야별로 성격이 다르고, 국가별로 상이한 기준을 가지고 있어 국제적 비교가 어려운 편이다. 통상 서비스 기업에서의 서비스 연구 활동은 구조화되거나 형식화되지 않은 특징이 있다. 이로 인하여 서비스 연구는 숨겨진 경우가 많아 숨겨진 혁신으로도 불린다. 또한 서비스 연구와 서비스 혁신의 경계는 명확하지 않다. 정부(지식경제부 지식서비스과)에서는 ① 새로운 혁신적인 개념을 가진 서비스, ② 서비스 경영의 혁신 방식, ③ 서비스와 제품의 결합을 통한 새로운 서비스 설계에 대한 연구와 개발로 서비스 연구를 정의하고 있다.

[그림 1-2] **지식경제부 사이버 홍보관**(출처 : http://www.mke.go.kr)

지식경제부는 산업 육성, 무역 및 투자 유치, 에너지 · 자원 정책, 국가 연구개발 정책, 정보통신산업 진흥 정책, 정보보호산업 정책 업무를 통합하여 관장한다.

다음 표는 서비스 연구의 분야별 주요 세부 연구 주제를 나타낸 것이다. 이 중 기초서비스 연구 부분이 서비스사이언스 연구의 핵심 연구라고 보는 견해도 있다.

〈표 1-2〉 서비스 연구 분야별 주요 세부 연구 주제

<table>
<tr><th></th><th colspan="2">주요 환경 및 특징</th><th>기초 서비스 연구</th><th>응용 서비스 연구</th><th>개발 서비스 연구</th></tr>
<tr><td rowspan="3">서비스업 공통</td><td rowspan="2">현상에 대한 이해</td><td>서비스 이론</td><td>1. Service Theory
2. Service Philosophy
3. Economics of Services
4. Service Complexity Theory
5. Service Innovation Theory</td><td></td><td></td></tr>
<tr><td>인간 및 사회에 대한 연구</td><td>1. Service System Evolution
2. Behavioral Models of Service
3. Organizational Change in Service
4. Social Aspects of Service
5. Customer Psychology
6. Cognitive Aspects of Service
7. Decision Making in Service</td><td></td><td></td></tr>
<tr><td colspan="2">방법론(디자인/프로세스/서비스 제품 결합)</td><td></td><td>1. Service Design Methodology
2. Service Management Efficiency Methodology
3. Product Service System Methodology</td><td></td></tr>
</table>

<table>
<tr>
<td rowspan="4">개별
서비
스업
단위</td>
<td colspan="2">서비스 디자인
(Service
Design)</td>
<td></td>
<td>1. Service Design Theory
2. Service Representation
3. Aesthetics of Services
4. New Services Engineering</td>
<td rowspan="4">1. Service Industry
2. Utilities
3. Wholesale Trade
4. Retail Trade
5. Transporta-tion and Warehousing
6. Information Service
7. Finance and Insurance
8. Real Estate and Rental
9. Professional and Technical Services
10. Manage-ment Service
11. Administrative and Support Services
12. Educational Services
13. Healthcare and Social Assistance
14. Arts. Entertainment, and Recreation
15. Accommo-dation and Food Services
16. Public Administration Services</td>
</tr>
<tr>
<td rowspan="2">서비스
경영
효율화</td>
<td>서비스
프로세스
엔지니
어링
(Service
Proecss
Engi-
neering)</td>
<td></td>
<td>1. Services Eng-ineering Theory
2. Service Operations
3. Service Optimization
4. Service System Engineering
5. Service Supply Chains
6. Service Engineering Management</td>
</tr>
<tr>
<td>서비스
관리
(Service
Man-
agement)</td>
<td></td>
<td>1. Service Marketing
2, Service Management
3. Service Innovation Management
4. Customer Relationship Management
5. Service Sourcing
6. Service Standards
7. Service Quality</td>
</tr>
<tr>
<td colspan="2">서비스와 제품의
결합</td>
<td></td>
<td>1. Product Service System(PSS)</td>
</tr>
</table>

(출처 : "Service Science Discipline Classification System", IBM, 2008.)

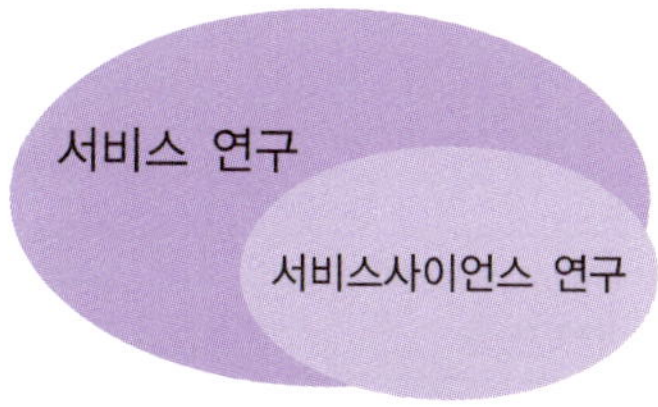

[그림 1-3] 서비스 연구와 서비스사이언스 연구의 관계도

이와 같은 견해, 즉 서비스사이언스 연구를 서비스 연구의 일부와 기타 다른 본질적 연구라는 개념으로 정리하면 위의 그림과 같이 나타낼 수 있다.

이러한 측면에서 서비스사이언스 연구는 서비스업과 제조업에서 ① 과학기술 지식을 기본으로 하여 ② 인문사회 지식을 결합하여 수행하는 연구로 정의되며, ③ 기초연구와 응용연구에 해당하는 연구를 의미한다고 볼 수 있다.

결론적으로, 서비스사이언스 연구는 넓은 의미로 보면 서비스 연구와 기타 관련 연구로 정의할 수 있고, 좁은 의미로 보면 과학기술이 적용되어 서비스를 과학적으로 연구하는 학문이라고 정의할 수 있다.

서비스사이언스 연구는 크게 나누어 서비스 기초이론 연구, 서비스 응용이론 연구, 서비스 융복합 연구로 나눌 수 있다. 이들 관계를 그림으로 나타내면 [그림 1-4]와 같다. 즉, 일반적인 연구개발 분류로 볼 때의 기초연구와 응용연구에 서비스 기초이론 연구가 위치하고 있고, 서비스 응용이론 연구는 그보다 더 응용연구에 가까운 특징을 가지고 있다. 서비스 융복합 연구는 서비스 분야의 기초 및 응용이론 연구에 추가하여 전통 학문의 기초 및 응용연구와 융합되어 수행되는 연구이다.[4]

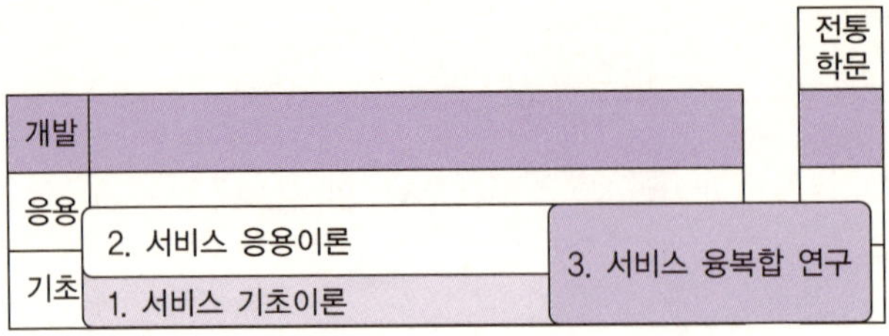

[그림 1-4] 서비스사이언스 연구 범위

서비스 기초이론 연구

서비스 기초이론 연구는 서비스 전략, 서비스 프로세스, 서비스 공급사슬관리, 서비스 마케팅, 서비스 개발 방법론 연구 등으로 서비스의 과학화를 위한 학문적 기초이론 연구를 포함한다. 서비스사이언스의 초기 연구 주제들이 여기에 해당한다.[5]

● 서비스 프로세스 모듈화 및 통합

서비스 프로세스의 모듈화와 통합은 두 가지 면에서 중요한 연구이다. 첫째, 서비스 분석 단계에서는 서비스 프로세스의 분석과 모델링에 도움이 되며, 서비스 제공 단계에서는 서비스 전달의 설계에 있어서 통합의 방법론이 중요한 역할을 한다. 둘째, 기업 고객을 대상으로 비즈니스 서비스를 제공하는 경우 서비스 적용 대상 비즈니스에 대한 분석

4) 김현수 · 이병선 · 박주영 · 안연식 · 김상기 · 김상현, "국가연구개발서비스 선진화 방안 연구", 한국연구재단 연구보고서, 2010.3.
5) 한국IT서비스학회 서비스사이언스연구회, 《서비스사이언스》, 매일경제신문사, 2006.11.

이 요구되는데, 서비스 모듈을 어떤 비즈니스 컴포넌트에 적용할 것인지에 대한 분석과 서비스 적용으로 인한 비즈니스의 성과 개선 예측에 도움이 된다.

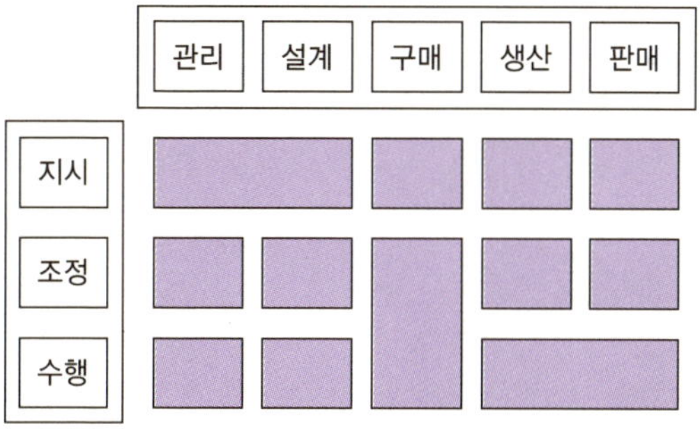

[그림 1-5] 서비스의 모듈화: 컴포넌트 비즈니스 모델링(CBM)

● 서비스 가격 결정

지금까지 서비스에 대한 가격은 시간, 재료, 인건비 등의 비용에 마진(margin)을 추가하는 비용기반의 가격책정(cost-based pricing) 방법을 사용하여 결정하였다. 앞으로는 고객 가치에 맞게 가격을 책정하는 가치기반의 가격책정(value-based pricing) 방법과 고객 개개인별로 느끼는 가치에 따라서 각각의 가격을 책정하는 차별화 가격책정(differential pricing) 방법이 가격을 결정할 것이다. 하지만 이러한 방법은 고도의 과학적 이론이 필요한 연구 분야이다.

● 서비스 생산성의 측정

서비스의 생산성을 측정하는 것은 쉽지 않은 작업이다. 그 이유는 서비스가 가지고 있는 특성인 무형성, 이질성, 소멸성, 비분리성 때문이다. 서비스의 산출물 자체도 무형적인 것이어서 무엇이 산출되었는지도 정의하기 쉽지 않다. 서비스 효과를 정량화하기 위한 모델과 방법의 개발이 중요한 연구 이슈이다.

● 서비스의 테스트

[그림 1-6] 사이버 서비스 센터
(출처 : 〈디지털 타임즈〉, 2008. 12.)
온라인에서 서비스를 접수받고 상담을 하며 예약 등을 편리하게 처리해준다.

서비스는 생산과 전달이 동시에 진행되기 때문에 사전에 미리 테스트하기가 쉽지 않다. 따라서 컴퓨터 시뮬레이션 기법을 활용하여 사전에 테스트하여 긍정적이거나 부정적인 효과들을 미리 점검해볼 수 있다. 컴퓨터 시뮬레이션에 서비스의 제공과 관련된 중요한 요소를 변수화할 수는 있지만 고객의 만족이나 상호작용 등 정량화하기 어려운 요인들도 매우 많이 있다. 그러나 테스트 과정을 통해서 서비스의 품질을 향상시킬 수 있는 기회를 충분히 가질 수 있다.

이와 같이 과학적 지식과 서비스 산업의 근본 이슈에 대한 연구가 서비스 기초이론 연구의 사례들이다. 다음의 표는 이를 정리하여 제시한 것이다.

〈표 1-3〉 서비스 기초이론 연구 분야 예시

① 서비스 전략
② 서비스 프로세스
③ 서비스 공급사슬관리
④ 서비스 마케팅
⑤ 서비스 품질
⑥ 서비스 생산성
⑦ 서비스 개발 방법론 연구
⑧ 서비스 가격 결정 연구
⑨ 서비스 교과 과정 개발
⑩ 서비스 인적 자원 관리 등

서비스 품질은 전통적으로 가장 많이 연구된 분야 중의 하나이지만, 서비스사이언스 기초이론 연구의 범주에 포함한다. 예를 들어, 서비스 품질 이론인 카노 이론은 과학적 관점과 인지적 관점이 융합되어 개발된 모델이므로 서비스사이언스의 연구 사례로 분류한다.[6] 카노(Kano, 2001)는 품질은 '사용자의 만족'이라는 주관적인 측면과 '요구 조건과의 일치'라는 객관적인 측면 중 하나를 따르고 있다고 정의하고, 품질 요소들을 매력적 품질, 일원적 품질, 당연적 품질, 무관심 품질, 역품질로 구분하였다. 이들 품질 요소를 정의하면 다음과 같다.

6) Kano, N., "Life Cycle and Creation of Attractive Quality," Proceedings of International QMOD Conference on Quality Management and Organizational Development, 2001.

〈표 1-4〉 카노의 품질 요소 정의

구분	내용
매력적 품질 (attractive quality element)	고객이 기대하지 않던 것을 충족시켜 주거나 고객이 기대했던 것이라도 그 기대를 훨씬 초과하는 만족을 주는 품질 요소. 충족이 되면 만족하게 되고, 충족이 되지 않더라도 불만이 커지지 않는다.
당연적 품질 (must-be quality element)	최소한 당연히 있을 것으로 간주되는 기본적인 품질 요소. 충족이 되면 당연한 것으로 생각되기 때문에 별다른 만족감을 주지 못하는 반면, 충족이 되지 않으면 불만이 생긴다.
일원적 품질 (one-dimensional quality element)	일반적인 인식의 품질 요소로 충족이 되면 만족하게 되고 충족이 되지 않으면 불만이 생긴다.
무관심 품질 (indifferent quality element)	충족이 되든 되지 않든 만족이나 불만족 중 어느 것도 일어나지 않는 품질 요소
역품질 (reverse quality element)	충족이 되면 역으로 불만이 생기고 그렇지 않으면 만족을 주는 품질 요소

카노 모델을 그림으로 나타내면 아래와 같다.

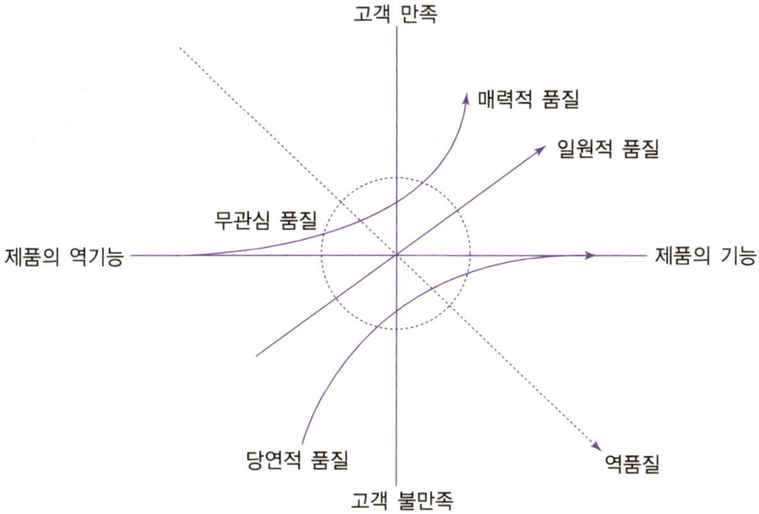

[그림 1-7] 카노 모델

서비스 응용이론 연구

서비스 응용이론 연구는 서비스 기초이론 연구의 기반 위에서 서비스 분야에서의 실용화를 위해 한 걸음 더 나아간 이론 연구이다. 서비스 응용이론 연구는 혁신적인 서비스 모델을 개발하는 데 필요한 기초 이론과의 연결고리를 제공하는 역할을 한다. 이 연구는 실제로 혁신적 서비스가 개발되기 위해서 필요한 세부적이고 구체적인 응용이론의 연구에 초점을 둔다.

다음의 표는 서비스 응용이론 연구 분야의 예시이다.

〈표 1-5〉 서비스 응용이론 연구 분야 예시

① 제품-서비스 통합 기초 연구	② 제품-서비스 통합 응용 연구
③ 서비스 상품 모델 연구	④ 서비스 프로세스 모델 연구
⑤ 서비스 자원 모델 연구	⑥ 서비스 마케팅 모델 연구
⑦ 제품의 서비스화 연구	⑧ 서비스의 제품화 연구
⑨ 투자분석/위험관리 기법	⑩ 금융 소비자 행태 분석
⑪ 생산관리/계량분석 기법	⑫ 생산공정 모델링/시뮬레이션
⑬ 디자인 수행 방법론	⑭ 디자인과 인간의 감성에 대한 연구
⑮ 교육 환경에 대한 분석 연구	⑯ 병실 환경에 대한 분석 연구
⑰ 쇼핑객에 대한 분석 연구	⑱ 매장 배치 효율화에 대한 연구
⑲ 서비스 표준화/품질관리	⑳ 서비스 이용자의 욕구 및 행태 분석 연구

서비스 융복합 연구

서비스 융복합 연구는 서비스 혁신을 위해서 다학제간 광범위한 융합 연구를 의미한다. 서비스사이언스 관점에서의 서비스 융복합 연구는 기존 서비스의 단순 개선이나 단일 학문 분야에서의 연구개발은 배제한다.

다음의 표는 서비스 융복합 연구에 관련되는 학문 분야를 보여준다.

〈표 1-6〉 서비스 융복합 연구 관련 학문 분야

① 서비스 마케팅	② 서비스 오퍼레이션
③ 서비스 경영	④ 오퍼레이션 리서치
⑤ 경영과학	⑥ 산업공학
⑦ 제어이론	⑧ 정보과학
⑨ 시스템공학	⑩ 기술혁신관리
⑪ 컴퓨터공학	⑫ 인공지능
⑬ 사회학	⑭ 인지과학
⑮ 경제학	⑯ 법학
⑰ 게임이론	⑱ 디자인학
⑲ 경영정보시스템	⑳ 조직과학
㉑ 인류학	㉒ 학습조직
㉓ 의사결정과학	㉔ 지식경영
㉕ 인적자본관리	㉖ 품질경영
㉗ 통계학	㉘ 프로세스 최적화
㉙ 시장공학	㉚ 기타 관련 학문

서비스 융복합 연구는 그 역사가 매우 짧기 때문에 대표적인 사례를 기업에서 수행된 연구개발 활동에서 우선 찾을 수 있다. 다음과 같은 스크린골프 사례는 성공적인 서비스 융복합 연구개발 사례로 분류될 수 있다.

스크린골프 사례

골프 인구 300만 명, 골프를 배우려는 잠재고객 1천만 명 시대에 스크린골프는 서비스사이언스의 성공 사례로 꼽을 수 있다. 스크린골프는 골프를 실내에서 즐길 수 있도록 제작된 시스템으로 골프와 정보기술(IT)이 결합되어 있다. 대한민국의 업체들이 세계 시장의 90% 이상을 선점하고 있고, 이 시스템을 이용한 일명 골프방이라고 하는 신규창업 아이템이 각광받고 있다. 스크린골프는 컴퓨터 그래픽, 센서 기술, 행동인지 공학, 스포츠 서비스, 골프장 콘텐츠 등 많은 기술과 서비스가 융합되어 있다. 퇴근 후 직장동료나 친구들과 즐기는 스크린골프는 운동과 사교와 재미를 합친 새로운 엔터테인먼트라 할 수 있다.

스크린골프의 과학기술적 구성

1. 센서: 플레이어가 친 공의 궤도, 방향, 거리, 스피드, 회전 등을 판독하여 데이터화시키는 센서
2. 스크린: 프로젝터가 보여주는 영상을 보기 위한 하얀 광목천 스크린
3. 프로젝터: 스크린골프 영상을 크게 보여주기 위한 프로젝터
4. 컴퓨터: 골프시뮬레이터 프로그램을 실행시키기 위한 컴퓨터
5. 스윙플레이트: 페어웨이나 러프의 라이에 따라 자동으로 경사를 구현하는 시스템
6. 오토티업기: 자동으로 공을 공급해주는 시스템, 티의 높낮이를 조절할 수 있는 시스템
7. 퍼팅시뮬레이터: 3미터 내외 퍼팅 시 그린언듈레이션에 따라 그린라이가 표현되는 퍼팅 장비
8. 모션카메라 또는 CC카메라 : 스윙 시 플레이어가 친 스윙 모습을 반복하여 보여줄 수 있는 캠코더 또는 CC카메라

스크린골프의 인문사회적 개념

1. 스포츠 서비스적 개념으로, 극사실주의 가상현실인 스크린골프의 스포츠를 통한 현실형 마케팅 및 경영학적 관점이 결합
2. 골프장 콘텐츠적 개념으로, 골프를 학습할 수 있는 학습 콘텐츠의 교육적 개념과 더불어 다양한 형태의 시스템적 요소가 결합
3. 엔터테인먼트적 요소로, 다양한 형태의 화면 및 배경을 기초로 하여 심리적, 엔터테이먼트적 요소가 결합되어 재미적 요소를 극대화
4. 사회학적 요소로, 한국의 방 문화를 대표로 하는 '노래방', '비디오방' 등의 공간적 사회성을 기초로 한 과학적 접근

또한 해외 기업에서 수행된 서비스 융복합 연구의 예로 브리티시에어웨이(British Airways)의 혁신적인 좌석 디자인 사례가 있다. 브리티시에어웨이는 수익성 증대를 위해서 혁신적인 기내 좌석 설계를 위한 연구개발을 수행하였다. 연구원들은 기내 좌석 디자인에 두 가지 상충되는 목표를 모두 달성하려는 야심적인 목표를 설정하였다. 즉, 고객의 개인 공간을 늘리면서도 전체 좌석수를 동시에 늘리겠다는 목표를 설정하고, 융합적인 연구개발 접근법으로 이 목표를 달성하였다.

먼저 이 연구개발 프로젝트팀에 인간, 경영, 기술 전공자들을 함께 투입하였다. 즉, 경영학 전공자, 인체과학/체육학 전공자, 항공공학 전공자, 디자인 전공자들을 함께 투입하였다. 경영학 전공자들은 시장세분화, 포지셔닝, 표적시장 선정 등의 경영학 기법을 적용하였고, 인체과학자들은 최적수면 조건을 도출하고 적용하였다. 또 항공공학자들은 기체 설계에의 영향을 연구하였고, 디자인 전공자들은 음양이론 등을 적용하였다. 이들이 서로의 지식을 융합하여 연구에 적용한 결과 그림과 같은 지그재그형 좌석 디자인을 만들어낼 수 있었다. 이 설계 결과는 승객 1인당 좌석공간을 25%나 늘려주면서도 전체 좌석수를 8%나 증가시켰다.

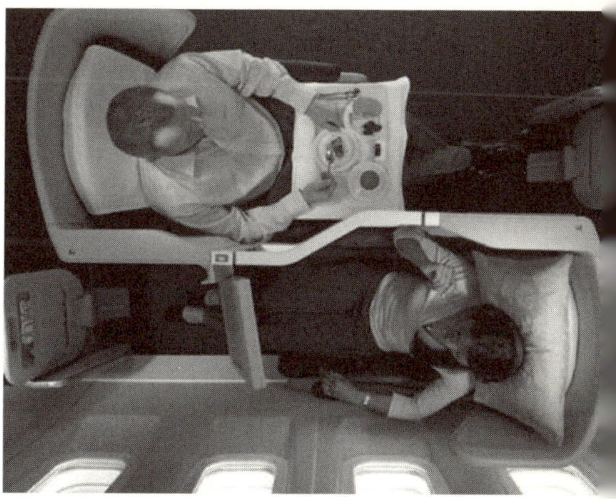

[그림 1-8] 지그재그형 좌석 배열(브리티시에어웨이의 혁신적인 좌석 디자인)
서비스 융복합 연구의 대표 사례로 항공사의 수익을 크게 늘려주었다.

승객 개인의 프라이버시가 보장되면서 최적의 수면과 개인 활동 조건이 만들어졌고, 좌석수가 늘어나서 항공사의 수익을 크게 늘려주었다. 이렇게 서비스 융복합 연구는 융합 지식을 활용하여 두 가지 상충되는 목표까지도 달성이 가능하게 하는 연구개발 유형이다.

서비스사이언스 방법론 개요 및 국내 방법론

방법론 개요

서비스사이언스 방법론은 앞서 제시한 서비스사이언스 연구주제와 동전의 양면과 같은 긴밀한 관계를 가진다. 즉, 서비스사이언스에서 탐구하는 주제에 맞는 방법론이 개발되고 사용되어야 하는 것이다.

서비스사이언스 방법론은 서비스 수명주기(services life cycle)의 관점에서 전체 구조를 파악하기 용이하다. 서비스 수명주기는 고객이 필요로 하는 서비스를 식별하는 단계에서부터 솔루션과 시장을 구축하는 단계를 거쳐 전달, 지원 단계를 거치게 된다.

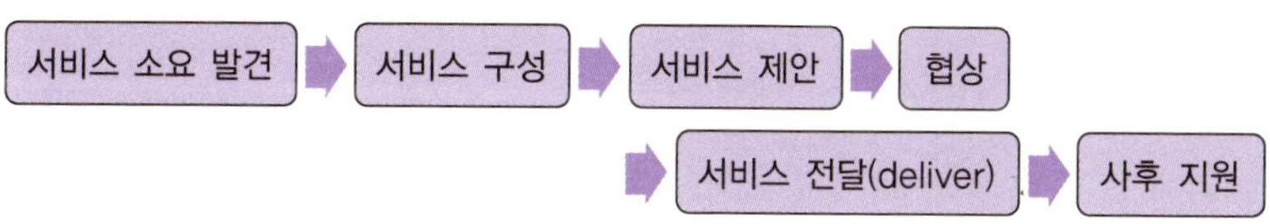

서비스 소요 발견 및 서비스 구성은 서비스 계획 단계라고 할 수 있다. 즉, 서비스 시스템으로 디자인하는 단계이다. 이 단계는 혁신성을 강조한다. 서비스 세계의 기본 특징이 'AND 세계' 이기 때문이다. 서비스 디자인은 서비스를 개선하는 것과 서비스 비용절감이 동시에 추구되어야 하는 'AND 세계' 인 것이다. 고도의 과학들이 동원되어 서비스가 설계되어야 두 가지 상충되는 목표를 달성할 수 있다. 서비스사이언스는 이러한 과학적 방법론을 필요로 한다. 예를 들어, 앞서 제시한 사례인 브리티시에어웨이의 혁신적인 좌석 디자인 설계가 고도의 과학들이 동원되어 상충되는 목표를 달성한 사례이다.

서비스 제안 및 협상은 서비스 구축 단계라고 할 수 있다. 이 단계에서의 핵심 방법들은 서비스 테스팅과 서비스 위험관리 적용이다. 즉, 서비스의 모습과 이용 수준 예측이 조기에 될 수 있도록 설계 및 구축 과정에서 서비스 테스팅이 수행될 수 있어야 한다. 기존 개발 방법론에서는 프로토타이핑을 적용하여 일부 테스팅이 가능했지만, 이는 실험실 테스트의 일부라고 할 수 있다. 실제 사용자를 대상으로 필드 테스트를 할 수 있어야 하고, 그 결과를 피드백 받아서 설계와 구축을 변경할 수 있어야 한다.

서비스 테스팅을 위해서 서비스를 시뮬레이션으로 제공할 수 있는 소프트웨어와 하드웨어 환경 구축이 필요하다. 전자정부 서비스 구축 사업이 향후에도 계속된다고 할 때 서비스 테스팅 랩을 구성하여 테스팅의 효율화를 꾀할 필요가 있다.

서비스 위험관리도 서비스사이언스의 중요한 방법이다. 실제 서비스 구축이 완료되어 대고객 서비스가 개시되었을 때, 서비스 이용 활성화와 서비스 성공의 위험요소를 사전에 정의하고, 이를 체계적으로 관리하는 기법의 도입이 필요하다.

서비스 전달 및 사후 지원 단계는 서비스 운영 단계라고 할 수 있다. 이 단계에서는 이용자의 피드백이 적극적으로 서비스에 반영된다. 따라서 운영 단계의 관리 방안은 이용자의 피드백이 서비스에 반영되도록 강구하는 것이다. 즉, 얼마나 비용효과나 고객만족 차원에서 이용자의 피드백이 반영되느냐에 따라 운영 성과가 결정되는 것이다. 운영 단계의 효율적 관리를 위해서 이용자의 피드백을 반영하는 시스템을 설계해야 한다. 시스템이 신속하고 융통성 있게 수행될 수 있도록 시스템 구조에 대한 고려도 필요한데, 이러한 구조 디자인은 서비스 디자인 단계에서 목표로써 설정되어야 할 것이다. 즉, 서비스 계획 단계와 서비스 운영 단계는 수미쌍관의 관계이므로, 이를 서비스 관련자가 명확히 인지하고 관련 프로세스에 구현되도록 해야 할 것이다.

한편 운영 단계에서 더욱 장기적인 이용 활성화를 위해서는 서비스 가치혁신이 필요하다. 가치혁신(value innovation)은 기존의 조직이나 서비스가 초점을 맞추고 있는 가치제안에서 벗어나서 혁신적으로 새로운 가치제안을 찾는 것을 의미한다. 가치혁신 방법론으로 '블루오션' 방법이 있다. 경쟁자가 없는 시장인 블루오션으로 이동하였다 하더라도 금방 경쟁이 치열한 레드오션이 될 수 있으므로, 지속적으로 신속히 이동하여야 기업이나 서비스가 오래 생존할 수 있는 것이다. 서비스 혁신을 위해서 조직은 고객의 니즈를 기반으로 가치혁신을 추구하여야 한다.

또한 서비스사이언스 방법론은 각 방법론의 주된 특징 및 용도 등으로 구분할 수 있다. 예를 들어, 서비스혁신전략 발견방법(A), 비효율적인 서비스혁신전략 제거방법(B), 새로운 운영서비스 아이디어 발굴방법(C), 비현실적인 운영서비스 아이디어 배제방법(D) 등 네 개의 범주로 구분할 수 있다. 이들 범주는 전략지향성(strategy orientation)과 수렴지향성(convergence orientation)으로 아래와 같이 나타낼 수 있다.[7)]

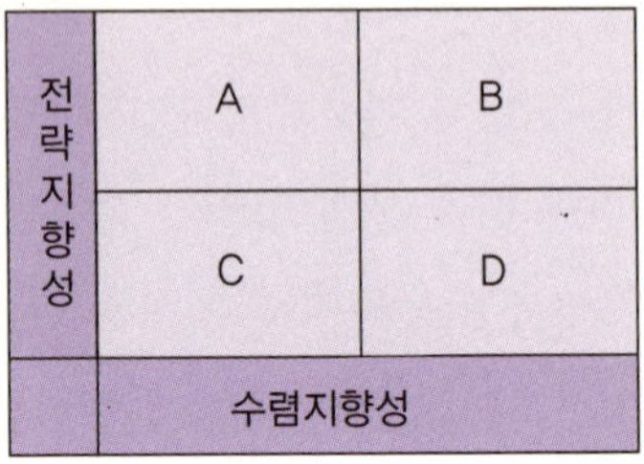

[그림 1-9] 서비스 혁신 방법론 분류

좋은 서비스 혁신 방법론은 수렴적 사고(convergent thinking)와 확산적 사고(divergent thinking)가 동시에 필요하다. 또한 운영적 사고(operational thinking)와 전략적 사고(strategic thinking)가 동시에 필요하다. 이 책에서 소개하는 방법론들도 이러한 관점에서 향후 계속해서 정련되어야 할 것이다.

서비스사이언스 방법론 중 먼저 국내 방법론을 개론적으로 소개한다.

---

7) Lin, R. and Chou, S.C.T., "Service Innovation Consulting: Evaluation of Methods Employed", Proceedings of the 2009 International Conference on Service Science, May 2009, Beijing, pp.64-71

서비스사이언스 국내 방법론

여기에서는 국내에서 개발된 두 개의 서비스사이언스 방법론을 소개한다. 하나는 서비스 혁신을 위한 절차적 방법론이며, 다른 하나는 제조업의 서비스화 아이디어 개발을 위한 방법론이다.

● 절차적 서비스혁신방법론(Co-Vac 모델)[8)]

이 모델은 남기찬 등이 개발한 방법론인데, 서비스 혁신을 위한 절차적 모델을 중시하고 있다. 서비스 혁신 단계를 전략/설계 단계, 생산/전달 단계, 운영/유지보수 단계, 모니터링/향상 단계 등의 4단계로 나누었다. 또한 서비스 시스템의 관련 집단을 고객, 접촉(encounter), 공급자, 네트워크 등의 4집단으로 나누고 4×4 매트릭스로 수행활동을 설계하였다.

[그림 1-10] 서강대학교 SSEM 학과의 수업 모습(출처: 〈전자신문〉, 2010. 5.)

SSEM 학과가 다루는 주요 분야는 서비스사이언스이다.

예를 들어, 전략/설계 단계에서는 다음과 같은 활동이 필요하다고 제시하였다.

8) 남기찬, "Co-Vac 방법론에 기반한 서비스혁신 방법론과 실행방안", 서비스사이언스학회 2009 춘계학술대회 발표논문 CD, 2009.4.

〈표 1-7〉 전략/설계 단계의 수행활동

집단	활동	개수
고객	SD_C_1: 요구사항 및 선호도 식별 SD_C_2: 요구되는 자원 개발 SD_C_3: 서비스 및 제품 디자인 참여	3
접촉	SD_E_1: 고객과 공급자 간의 접촉지도 작성 SD_E_2: 공동창출 활동 및 프로세스 개발	2
공급자	SD_S_1: 고객활동 체인 분석 및 설계 SD_S_2: 조직의 핵심 역량 정의 SD_S_3: 조직의 목표 정의 SD_S_4: 서비스 포트폴리오 및 목록 구성 SD_S_5: 서비스 솔루션 구성 SD_S_6: 재무분석 수행 SD_S_7: 보안/위험 관리 계획 SD_S_8: 요구되는 자원 식별 SD_S_9: 기술 기반 구조 정의	9
네트워크	SD_N_1: 참여 지원 노드 발굴 SD_N_2: 각 참여자의 역할 및 책임 정의 SD_N_3: 각 참여자에게 요구되는 역량 정의 SD_N_4: 가치 활동 및 역량 도식화 SD_N_5: 참여자 간의 프로세스 구성 SD_N_6: 참여자 간의 관리 지침 개발 SD_N_7: 지식경영을 위한 규칙 및 절차 정립 SD_N_8: 계약관리를 위한 규칙 및 절차 정립 SD_N_9: 의사소통 계획 정의	9

이처럼 생산/전달 단계, 운영/유지보수 단계, 모니터링/향상 단계 등의 각 단계에서 고객, 접촉, 공급자, 네트워크 등의 집단이 수행하는 활동을 정의하고 사례를 제시하였다. 이 방법론은 서비스 혁신을 위한 절차적 방법론으로 계속 개선되고 있다.

● 제조업의 서비스화 방법론[9]

이 모델은 이준기 등이 개발하였으며, 제조업의 서비스화 아이디어 개발에 유용하다. 신제품 개발 프로세스와 대비하여 신서비스 개발 프로세스라 정의한다.

이 모델에서는

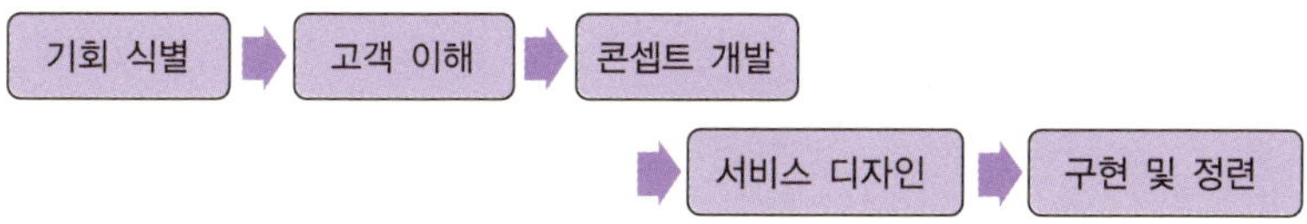

등의 단계로 서비스 개발 프로세스를 나누고, 각 단계를 설명하고 있다. 예를 들어, 서비스화 콘셉트 도출 프로세스는

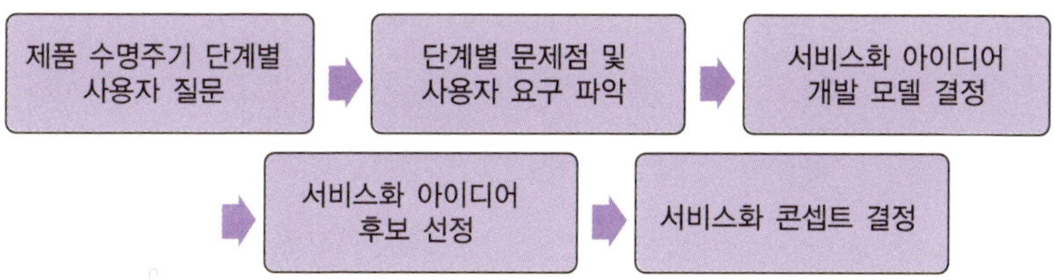

등의 프로세스로 구성되어 있다.

서비스화 아이디어 개발 모델은 소비자 요구 일반화 모델, 에코시스템 모델(eco-system model), 오픈 이노베이션 모델(open innovation model)을

---

9) 이준기, "SIRI 방법론: 제조업의 서비스화 아이디어 개발을 위한 방법론 연구", 서비스사이언스학회 2009 추계학술대회 발표논문집, 2009.10, pp.73-88

사용하도록 권고하고 있다.

● 서비스비즈니스 모델 개발 방법론[10)]

류귀진 등은 서비스비즈니스 모델 개발 방법론을 제시하였다. 이들은 서비스 모델 개발 절차를 아래와 같이 4단계로 구성하였다.

1단계: 산업환경분석
2단계: 시장기회분석
3단계: 산업 간 가치사슬분석
4단계: 융합서비스 모델 설계 및 평가

1단계와 2단계에서는 전통적인 분석 방법론들, 예를 들어 SWOT(Strength, Weakness, Opportunity, Threat), STP(Segmentation, Targeting, Positioning) 등이 사용되지만, 3단계와 4단계에서는 서비스사이언스적인 접근을 강조하고 있다. 특히 4단계에서는 전략, 프로세스, IT, 조직 등 4개 요소로 융합 모델을 설계하도록 하고 있다.

10) 류귀진 · 권혁인, "산업간융합서비스모델 연구", 2009년 서비스사이언스학회 추계학술대회 발표논문집, 2009.10, pp.3-12

대상 차원의 서비스사이언스 연구 분야

지금까지 서비스사이언스의 정의와 주요 연구 분야에 대해 알아보았다. 서비스사이언스의 연구 분야는 대상 차원으로 분류할 수도 있다. 서비스사이언스의 다양한 방법론에 대한 이해를 돕기 위해 대상 차원의 분야를 소개하면, 크게 전략(business strategy), 프로세스(business process), 인력(people/workforce), 기술(underlying technology)의 4가지로 요약할 수 있다.

전략은 전략적 의사결정과 그로 인한 결과 간의 인과관계에 대한 것으로 서비스에 대한 전략 모델의 도출이 연구목적이다. 서비스 전략 모델은 프로세스, 인력, 기술에 대한 기반을 제공한다. 서비스사이언스에서의 전략 연구는 전략의 실행에 영향을 미치는 요인을 통제하여, 외부요인에 크게 영향을 받지 않으면서 전략의 성공 가능성을 높일 수 있는가에 대한 학문적 연구이다.

서비스에서 프로세스(서비스의 생산과 전달 등)는 관리의 대상이 된다. 서비스 프로세스의 최적화를 위해서는 비즈니스 프로세스에 대한 모듈화와 모듈의 표준화 그리고 모듈의 통합이 중요한데, 서비스 전문가, IT 전문가, 프로세스 전문가, 서비스 설계 전문가 등 다양한 분야의 전문가가 협업하여야만 프로세스의 최적화가 가능하다.

서비스는 생산과 전달의 과정에서 고객과의 상호작용이 매우 중요하다. 따라서 서비스의 품질과 경쟁력에 있어서 서비스 인력의 자질이 중요한 요인이 된다. 특히 과학적 방법으로 IT 기술을 최대한 활용하여 서비스 프로세스를 관리하고자 한다면 종업원의 새로운 기술에 대한 이해가 필수적이다. 고객은 인터넷으로 많은 정보를 얻고 있고 정보기술에 대한 이해도 높아 요구가 다양하고 복잡하며 서비스 품질에 대한 기대가 높다. 이에 따라 조직은 새로운 기술에 대한 지식 습득과 임직원의 교육 그리고 고객에게 직접적인 서비스를 제공하는 서비스 인력에 대한 교육이 절실히 필요하다. 서비스사이언스에서는 변화의 속도에 맞춘 교육을 제공하는 시점과 임직원의 적극적인 참여를 유도하는 등의 서비스 분야의 인적 자원의 최적화를 목표로 하고 있다.

서비스의 구현에 있어서 대규모의 복잡하고 기업과 관련된 서비스일수록 정보기술에 의해서 이루어진다. 따라서 서비스를 설계하고 그 타당성을 검증하고, 서비스의 생산과 전달을 설계하는 과정은 정보시스템에 대한 이해 없이는 불가능하다. 자동화를 통하여 서비스 생산성과 효율성을 높이는 방향으로 서비스 혁신이 진행되고 있으므로, 기술은 서비스사이언스의 중요한 연구 분야이다.

Chapter 2

서비스사이언스 연구 사례

SERVICE SCIENCE

이강윤(한국IBM연구소)

연세대학교 전자공학과 전자계산학을 전공하고 숭실대학교에서 IT정책경영공학으로 박사학위를 받았다. 1991년 IBM연구소에 입사하여 현재 한국IBM연구소장으로 재직 중이며, 유비쿼터스컴퓨팅연구소와 한국소프트웨어솔루션연구소를 운영하고 있고, 글로벌 IBM의 STSM(Senior Technical Staff Member)으로 한국IBM의 신기술사업부문의 솔루션개발 리더를 맡고 있다.
논문으로 "서비스사이언스에 기반한 클라우드컴퓨팅 모델연구"와 저서로 《이노베이션 한국을 위한 국가구상》(공저) 등이 있다.

현소영(한국IBM연구소)

고려대학교 기계공학과와 동대학원을 졸업하고, 서울대학교에서 MBA를 전공하였다. 2001년 한국IBM에 입사하여 IBM 글로벌 서비스팀을 거쳐 한국IBM연구소에서 서비스사이언스와 의료산업 솔루션 프로젝트를 진행 중이며, 한국IBM의 기술전문가위원회(TEC-K)의 서비스사이언스 그룹 리더를 맡고 있다.

서비스 연구 분야에 투자하는 IBM

서비스사이언스는 서비스 주도의 경제가 요구하는 기술과 능력을 개발하고 서비스의 변화와 혁신을 이루기 위해, 이미 확립된 분야의 학문을 융합하여 과학적으로 연구, 발전시켜 서비스 산업을 새로이 탐구하려는 시도이다. 거대해진 서비스 산업의 비중에 걸맞게 체계적인 연구와 적재적소의 인력 양성을 목적으로 한다. IBM은 이미 2002년부터 연간 1,000만 달러 이상을 서비스 연구 분야에 투자하고 있다. 그 연구 내용의 일부를 여기에 소개한다.

2009년 하반기를 기준으로 전 세계 250개 이상의 대학에서 서비스사이언스 관련 과정이 개설되었고, 서비스 혁신을 위한 융합학문의 연구 활동들이 증가하고 있다. 이에 따라 서비스사이언스의 구체적인 비전과 그에 따른 계획들이 필요할 것이다.

IT기업인 IBM이 내·외부의 협력을 통해 향후 20년의 장기적인 비전을 가지고 추진하고 있는 연구개발 활동들에 나타나는 일관된 특징들을 살펴보면, 서비스 중에서도 지식 기반 서비스의 과학적인 연구를 통하여 추구하는 바가 무엇인지 알 수 있을 것이다.

IBM은 서비스사이언스를 서비스 혁신과 신규 비즈니스를 창출하는 중요한 기반으로 활용하고 있다. 2008년 발표한 '스마트 플래닛–똑똑한 지구 만들기' 라는 새로운 이니셔티브의 기반을 마련하는 데 서비스사이언스가 크게 기여하였다. 또한 IBM은 자재 공급망 관리 및 가격 산정 방식과 개방형 혁신을 위한 새로운 협업 시스템 등에 서비스사이언스 연구 결과를 접목시키고 있다. 이러한 대부분의 새로운 시도들은 연구 초기 단계에서부터 내부 혹은 외부의 실사례에 적용하면서 현실을 효과적으로 반영하여 문제를 해결할 수 있도록 하고 있다.

사례들은 대다수의 사람들이 이해하기 쉬운 기본 내용 중심으로 발췌하였고, 가능하면 실제 비즈니스 사례를 같이 소개하여 어떻게 적용되는지 볼 수 있도록 하였다. IT 등의 기술 자체보다 통합적인 서비스의 관점에서 다양한 기술과 비즈니스 사회, 인간 사회 등의 서로 다른 분야가 어떻게 융합되어야 하는지 고민해보는 기회가 될 수 있을 것이다.

IBM 서비스 연구의 방향

IBM의 서비스 연구는 시스템 관점으로 접근하고 해석하여 서비스의 다양한 이해 관계자와 환경을 고려한 지속 가능성의 구현, 생산성과 품질의 효율적이고 효과적인 개선, 새로운 비즈니스 모델의 도출 등을 위한 다양한 활동들이 이루어지고 있다. 2002년 IBM은 미국 알마덴(Almaden)연구소[1]에서 서비스 연구를 시작한 이후 다양한 분야에서 연구 활동을 수행하고 있다. 서비스의 무형성과 비분리성을 극복하기 위하여 서비스의 전체 라이프사이클에 대한 과학적인 분석을 바탕으로 수학적으로 모델링하는 방법론이나, 서비스를 디지털 코드로 구현하는 연구 및 인간을 중심으로 한 다양한 상호작용을 분석하기 위해 웹 기반의 가상세계와 관련된 연구 등이 많이 진행되고 있다.[2]

1) IBM에는 research 연구소와 develop 연구소가 따로 있는데, 그중 research 연구소는 8개로 미국에 3개, 중국, 일본, 인도, 이스라엘, 스위스에 각각 1개가 있다.

2) Spohrer, Jim., "Service Science Update", IBM Global University, 2009. 9.

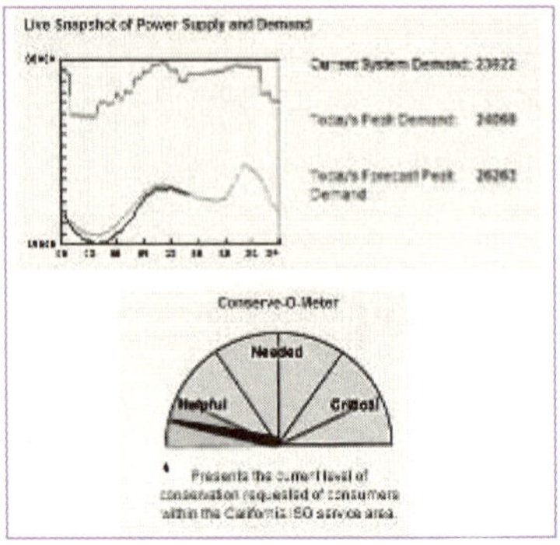

실제세계

가상세계

$$P(x) = \frac{\lambda^x e^{-\lambda}}{x!} \qquad \text{For } x = 0, 1, 2, 3, 4, \ldots$$

x = Number of arrivals in a specific period of time

λ = Average number of arrivals for the specific period of time

e ≈ 2.71828... (Euler's number)

수학세계

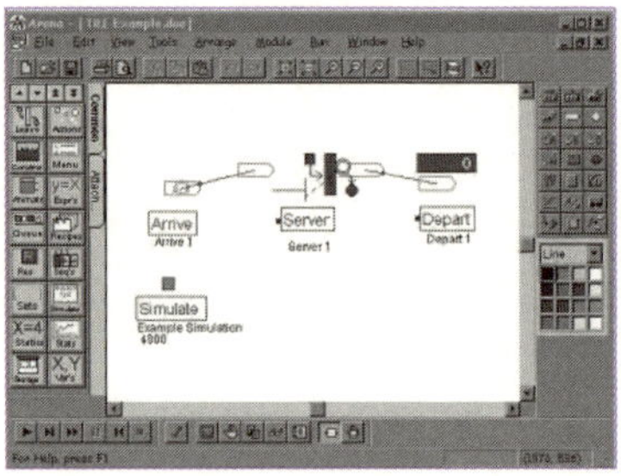

시뮬레이션세계

[그림 2-1] IBM의 서비스 연구 접근 방법

왼쪽 위부터 시계방향으로 '지능화된 도구를 사용한 실제 현상에 대한 정보의 수집 및 분석', '가상세계를 통한 다양한 상호작용의 실험 및 연구', '서비스 시뮬레이션 및 실험을 위한 각종 툴의 연구/개발, '서비스와 관련된 여러 현상에 대한 수학적인 표현 방식에 대한 연구'를 보여준다.

기술의 발전과 더불어 도구들이 지능화되고 저렴해지면서 데이터 수집의 범위가 확장되고 세분화되어 더 정확하고 다양한 해석이 가능해졌다. 그림의 실제세계는 미국 캘리포니아 전력기관의 자료로, 캘리포니아의 전력 사용과 관련된 데이터를 수집하여 지역별, 시간대별, 계절별 등으로 세분화된 분석 및 예측을 하여 전력을 효율적으로 수요에 맞게 조절하여 공급할 수 있게 하고 있다.

IBM은 세컨드라이프(Second Life)를 적극적으로 활용, 개발하고 있다. 가상세계는 복잡한 인간 중심의 상호작용을 시간과 공간의 제약 없이 실제세계보다 저렴하고 안전하게 시험해볼 수 있다는 장점이 있다. 세컨드라이프를 비롯한 여러 가상 세계 플랫폼을 토대로 한 각종 이벤트와 교육 프로그램을 많이 개발하여 실제로 사용하고 있다.

서비스를 수학적 법칙에 근거하여 표현할 수 있는 방법과 이를 기반으로 한 시뮬레이션 도구와 모델링에 대한 연구도 여러 분야에서 진행되고 있다. 그림의 소프트웨어는 아레나(Arena)라는 시뮬레이션 도구로, 조직운영 시뮬레이션에 관한 조지아 공과대학과의 공동연구[3]에 사용되었다. 수학적 모델과 통계학을 기반으로 한 연구 사례로는 운영관리, 인력관리, 공급망관리 같은 분야의 최적화 사례와 정부의 정책에 대한 시뮬레이션 연구나 의료 분야에서의 시뮬레이션 연구 사례 등을 들 수 있다. 이렇게 스케일이 크고 복잡한 시스템의 경우, 단일 애플리케이션으로 구현하기보다는 메쉬업(mesh-up)의 개념을 이용하기도 한다.

이제부터 가상세계(웹 기반의 가상공간은 다양한 명칭이 있어, Digital World, Metaverse, Simulated World 등으로 불리기도 한다.)와 서비스 모델링에 관한 연구를 자세히 살펴본다.

---

3) Bodner, Mutnury, Rouse & Cases, "Modeling Design Services for Improving Service Delivery Effectiveness"

가상세계 연구
Virtual World

정보통신 기술을 포함한 여러 기술의 발달로 인해 지리적 거리의 의미가 퇴색하면서 전통적인 시장과는 다른 진화의 모습이 많이 나타나고 있다. 공급자와 소비자의 글로벌화가 촉진되어 구글과 같은 검색사이트 이외에도 아마존 같은 온라인 쇼핑몰, 페이스북이나 트위터 같은 소셜 네트워킹 서비스 등의 다양한 글로벌 서비스 사업자가 증가하고 있다.

글로벌 서비스 사업자의 경우, 소비자에 대한 서비스 상품 이외에도 분산 환경에서 글로벌 인적, 물적 자원을 효율적으로 활용하기 위하여 가상공간을 적극 이용하고 있으며, 그 형태도 다양해지고 있다. 가상공간의 활용은 위치의 제약 조건을 해결할 수 있는 서비스의 필요성 때문이기도 하다.

마케팅과 커머스

콜래버레이션과 이벤트

교육과 훈련

컴플렉스 시스템과 프로세스 관리

[그림 2-2] 3D 인터넷의 주요 비즈니스 홀용 구역

이 가운데 웹을 기반으로 한 3차원 가상공간의 특징은 상호작용성(interactive), 신속성(immediacy), 사회성(socialization), 지속성(persistence), 공유공간(shared space), 그래픽 기반의 사용자 중심 인터페이스(Graphical User Interface, GUI) 등을 들 수 있다. 이러한 3차원의 가상공간은 전통적인 서비스 공간에 비해 아바타 등을 통해 가시적으로 표현될 수 있는

자아, 거리의 소멸, 공간의 인식, 실험 및 실습의 활성화, 존재감과 경험, Co-create(가치의 공동 창출로, 참가자 혹은 사용자의 참여 정도에 따라 서비스 경험에 대한 만족도가 달라질 수 있음을 뜻하는 서비스의 기본적인 특징)가 강조된다.[4]

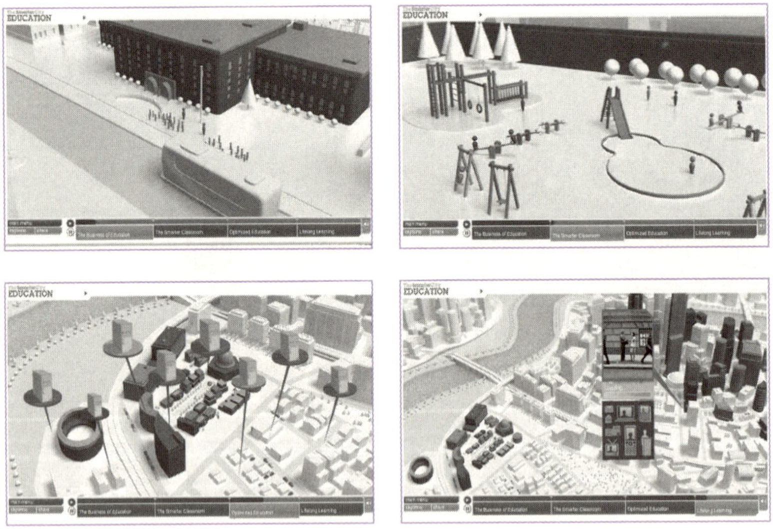

[그림 2-3] IBM 비즈니스의 가상공간 활용(스마트시티 교육)
(출처 : http://www. ibm.com)

4) "3D Internet Overview", IBM, 2008.

IBM은 자체 기술이나 도구 이외에도 상용화된 외부의 툴과 애플리케이션들을 최대한 활용함으로써 네트워크를 기반으로 한 3차원의 가상공간을 다양한 형태로 활성화하고 있다. 또 사용자에게 친숙한 세컨드라이프의 인터페이스를 활용하여 새로운 도구에 쉽게 적응할 수 있도록 하고 있다. 내부 활용 사례로는 시무식 등의 글로벌 이벤트, 지식의 교환 및 멘토링, 새로운 직원에 대한 오리엔테이션 교육, 서비스의 리허설, 소프트웨어 개발, 시스템 관리, 브레인스토밍 등이 있는데, 오프라인에서 진행되는 이벤트에 비해 업무 손실이 적으면서 참여율이 높고 직원 간 교류가 활발한 것으로 분석되고 있다.

내부적으로 정리된 각 사례별 특징과 효과는 〈표 2-1〉에 나타난 바와 같다.[5)]

이 중 이벤트 사례는 3차원 기반의 커뮤니케이션 툴을 기반으로 한 컨퍼런스의 형태로써, 소규모의 팀 세션부터 대규모의 컨퍼런스 형태까지 진행이 가능하고, 포스터 세션, 슬라이드 프레젠테이션, 아바타를 통한 비공식적인 소셜 네트워킹 활동 등을 지원할 수 있다. 해당 이벤트를 구현하기 위해 활용된 외부의 주요 소프트웨어로 Active Worlds, Forterra OLIVE, OpenSim, Second Life, Torque, Unity 3D 등을 들 수 있다.

Active Worlds는 3D 가상세계를 위한 위한 플랫폼이고, Forterra OLIVE(On-Line Interactive Virtual Environment)는 오디오 및 비디오 스트리밍 등의 영역에서 가상현실과 가상현실 외부의 실제 공간 간의 연동이 가능하게 하는 애플리케이션이다. OpenSim은 사용자가 손쉽게 가상

---

5) "Enable Far-reaching Enterprise Collaboration with Virtual Spaces, Part 1: Introduction to the Opportunities and Technologies", IBM developerWorks, 2009.

〈표 2-1〉 IBM 비즈니스의 가상공간 활용 사례

분류	효과 (benefit)	사례 (example)
이벤트	다양하고 많은 사람, 이동 시간과 다운타임 등의 미팅 관련 직 · 간접적인 비용의 절약	IBM Academy of Technology Conference, IBM Research 2009 Kick off, Human Capital Management University 등
멘토링, 지식 교환	SME(Subject Matter Expert, 주제 전문가)와의 원격 상호작용, 타문화 및 타세대와의 교류	메타버스 매니저, 세컨드라이프 멘토
신규 직원 오리엔테이션	신규 직원과 기존 직원 간의 빠른 연결, 회사의 역사 · 문화의 빠른 전수	중국과 인도의 'Fresh Blue'
리허설	팀 빌딩, 분리된 공간에서의 효율적인 업무 스킬 습득	Rehearsal Studio
소프트웨어 개발	분산 환경에서의 가상팀 운영	Bluegrass-Rational Jazz Team Concert IDE Plug-in
시스템 관리	원격관리, 모델링/시뮬레이션(공간, 전력, 냉각 등), 재해복구시스템 시뮬레이션	Energy Efficient Data Center, Metaverse Leadership Data Center
브레인스토밍	자유로운 솔루션 도출, 다양한 채널을 통한 실시간 아이디어 공유, 데이터 마이닝	IBM Sametime 3D, Metaverse Brainshare

공간을 생성하고 변경할 수 있도록 해주고, 세컨드라이프는 사용자에게 가상공간을 제공해주며, 협업 툴의 개발 및 설치를 위한 플랫폼의 역할을 한다. Torque는 다중 사용자를 위한 게임 엔진이고, Unity 3D는 3차원 형식의 오브젝트 포맷을 지원하는 에디터이다.

이러한 툴들은 대부분 윈도우, 리눅스 등의 여러 운영체제에서 사용이 가능하며, 특화된 구성요소나 기능 위주로 세분화되어 있고, 통합적인 관점에서의 툴 간의 연동이 가능하도록 하는 기능이 탑재되어 있다.[6]

[그림 2-4]에는 Research Kick-off Event(IBM 연구 조직의 시무식 행사)에 사용되었던 하드웨어의 요건 및 연결성(connectivity) 요건이, [그림 2-5]에는 가상공간을 구현하기 위한 아키텍처가 간략하게 표현되어 있다. 이 가상공간은 세컨드라이프에 구현되는데, 사이트는 패널이 있는 경우는 5개까지, 패널이 없는 경우는 2개까지 개설이 가능하다. 사이트의 구성요소는 아바타의 시야를 위한 카메라 모듈, 오디오 기능과 프로젝트 기능, 패널이 있는 경우와 없는 경우로 분리하여 마이크를 사용할 수 있도록 되어 있고, 패널이 있는 경우에는 패널을 위한 컴퓨터 모듈이 따로 추가되어 있는 것을 볼 수 있다.

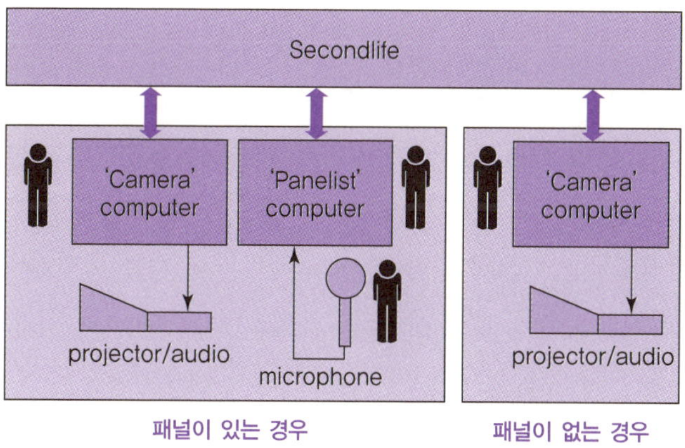

[그림 2-4] Overview of the mixed-reality, 2009 Research Kick-off Event

6) "Virtual Spaces: Enabling Immersive Collaborative Enterprise, Part2: Implementation and Lessons Learned", IBM developerWorks, 2009.

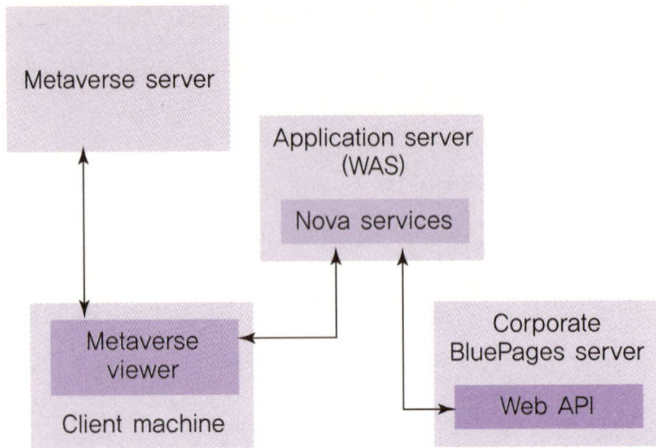

[그림 2-5] Research Kick-off를 위한 가상공간의 아키텍처

[그림 2-5]에서는 메타버스 서버와 다른 서버들 간의 연결 관계를 보여주고 있는데, 이 중 'Corporate BluePage server'는 웹 기반의 IBM의 직원 정보 데이터베이스 서버를 가리킨다. IBM 내부에서 사용되는 애플리케이션은 BluePage의 직원 정보를 기반으로 하고 있어 사용자 정보는 항상 동일하게 적용되어 운영되고 있다.

사이버 공간에 서비스를 구현하는 가상현실은 기본적으로 서비스의 구성요소들을 디지털 언어로 표현할 수 있는 명세 언어와 모델링 방법론 및 저작도구를 필요로 한다. 가상화 저작도구 개발은 세컨드라이프의 인터페이스 표준이 많이 사용되고 있으며(DRA, Sametime 3D 등), 이 중 DRA(Design-Run-Analysis, 개발 중인 3차원 가상세계 저작도구)라는 툴은 산호세 주립대학 수업에서 ITSM(IT Service Management) 과정의 학생들을 대상으로 시연 중에 있고, 가상공간에서 진행되는 IBM의 일부 교육 프로그램에 적용되고 있다.

〈표 2-2〉 IBM 가상공간에 활용된 플랫폼

플랫폼	특징	IBM 활용사례
Active Worlds	확장성(65,000명 동시 사용자)	
Forterra OLIVE	음성이 통합된 프레젠테이션 도구, 미리 구현된 공간	얼리어답터를 위한 팀 미팅, 소규모의 이벤트 등의 파일럿
OpenSim	세컨드라이프 사용자에게 익숙한 인터페이스, 라이센스, 다양한 범위	소규모 미팅, 이벤트, 팀 브레인스토밍, 커뮤니티 지원, 2D-3D 통합
Second Life	접근성, 기사용자, 포괄적인 음성 통합 기능	이벤트 및 미팅, 직원 오리엔테이션, 비즈니스 리허설
Torque	간단한 인터페이스, 빠른 구현, 2D 통합관리, 신뢰도, 단순한 하드웨어 요건 등	원격 멘토링, 소규모 이벤트, 브레인스토밍, 2D-3D 데이터센터 모델링
Unity 3D	웹 기반, 적용화, 경량	Proof-of-concepts(POC), 2D-3D 통합성 및 상호운영성

서비스 모델링 연구
서비스의 표현 방법

최근 몇 년간 전통적인 프로세스/활동을 기반으로 하는 모델링 방법 이외에 정보를 기반으로 하는 비즈니스 프로세스 모델링에 대한 연구가 IBM의 왓슨(Watson) 연구소에서 진행되고 있다. 메타 모델을 포함한 서비스 기술 언어와 모델링에 대한 연구는 전통적으로 프로세스와 문서를 기반으로 한 접근 방식이 보편화되어 있다. 그러나 관련자들에 대한 이해도를 높이고, 비즈니스 영역에서의 활용도를 높이기 위하여 IBM에서는 정보와 활동을 통합한 '비즈니스 아티팩트(Business Artifact) 기반의 모델' 에 대한 연구를 수행 중이다. 또 독일 라이프치히(Liepzig) 대학에서는 서비스를 테스트하기 위한 서비스 모델링 방법으로 '자원-프로세스-제품 통합 모델' 을 연구하고 있다.[7)]

정보 중심의 비즈니스 아티팩트 기반의 모델은 비즈니스상에서 발

7) 라이프치히 대학에서는 Fraunhofer IAO Servlab과 서비스 라이프 사이클에 대한 연구를 공동으로 수행하면서 증강현실을 기반으로 하여 서비스 일부 항목을 시연하고 있다.

생하는 정보 흐름을 중심으로 운영 활동들을 서술하는 방식으로, 비즈니스 상황을 실제와 가깝게 기술할 수 있어 실제 업무 수행자들이 이해하고 기술하기 편리하다는 장점이 있다.[8)]

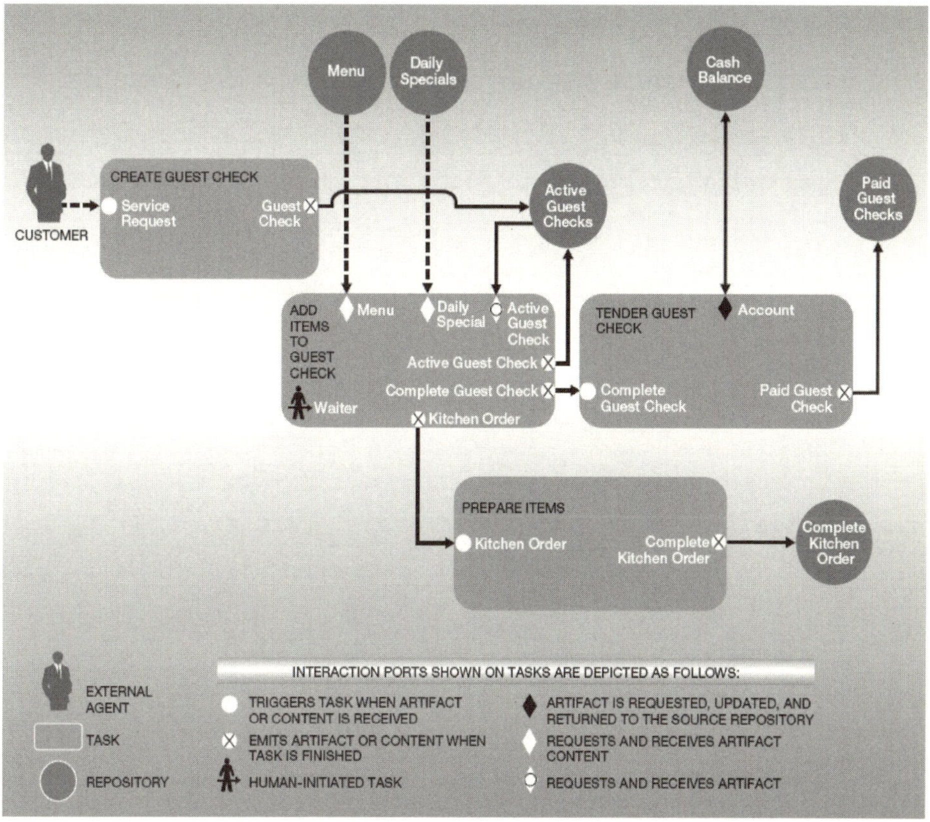

[그림 2-6] **레스토랑에서의 체크인 서비스를 표현하는 비즈니스 아티팩트 기반의 서비스 모델**

8) Nigam, A. & Caswell, N.S., "Business Artifacts: An Approach to Operational Specification", IBM System Journal, Vol.42, No.3, 2003.

또 실제 업무와 유사하게 기술되어 관련자들이 쉽게 이해할 수 있으며, 연결된 정보의 흐름을 쉽게 표현할 수 있어, 기업의 입장에서 비즈니스 프로세스 관리(BPM)를 용이하게 할 수 있다는 장점이 있다. 기업의 전사적 관리 시스템에 대한 의존도가 증가할수록 BPM에 대한 중요성이 커지고 있다. 이에 비해 전통적인 '활동 및 문서 기반'의 서비스 모델은 통합적인 관점에서의 비즈니스 규칙이나 비즈니스 인텔리전스(Business Intelligence, BI)를 반영하기 힘들고, 기반 모델이 복잡해지면서 이해하기가 난해하여 활용도가 떨어지고 있다. 비즈니스 아티팩트 기반의 모델은 문서가 아닌 데이터와 프로세스를 포괄하는 것으로, 사용하고자 하는 비즈니스 목적에 따라서 다양한 수준으로 표현이 가능하다.

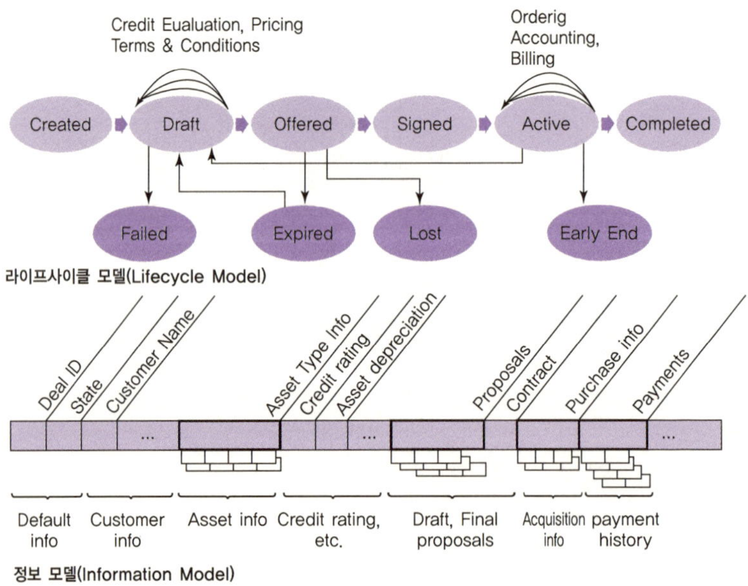

[그림 2-7] 비즈니스 상위 수준에서의 딜 아티팩트(Deal Artifact)의 구조[9)]

최근 IBM Global Financing Service에 적용된 사례를 보면, 아티팩트 모델은 라이프사이클 모델과 정보 모델 두 가지로 구성되어 있다. 상위 수준에서의 비즈니스 활동으로 Deal, Supplier, Invoice Asset으로 분류하여 표현하고 있으며, 실제와 유사하게 세 가지 요소의 흐름이 자연스럽게 연결되고 있다. [그림 2-7]에 보이는 'Deal' 정보 모델에서는 Deal이 진행되면서 수집되어야 하는 정보가 정의되어 있고, 라이프사이클 모델에서는 Deal이 진행되면서 변화되는 상태를 표시할 수 있도록 되어 있다. Deal의 진행과 더불어 변화되는 상태는 라이프사이클 모델에 반영되고, 수집되거나 변경된 정보는 정보 모델을 통해서 채워지거나 갱신된다.

비즈니스 아티팩트를 기반으로 한 비즈니스 프로세스 모델은 [그림 2-8]에서 표현한 바와 같이 Business Artifacts, Macro Life-Cycles, Services(Tasks), Associations의 4가지 변수로 구성되어 있다. 전통적인 프로세스 기반의 서비스 모델 구조에서는 데이터의 구조나 라이프사이클을 손쉽게 표현하지 못한다는 한계가 있어 이를 극복하는 방안을 중점적으로 계속 연구하고 있다.

9) Cohn, D. & Hull, R., "Business Artifacts: A Data-centric Approach to Modeling Business Operations and Processes", IEEE, 2009.

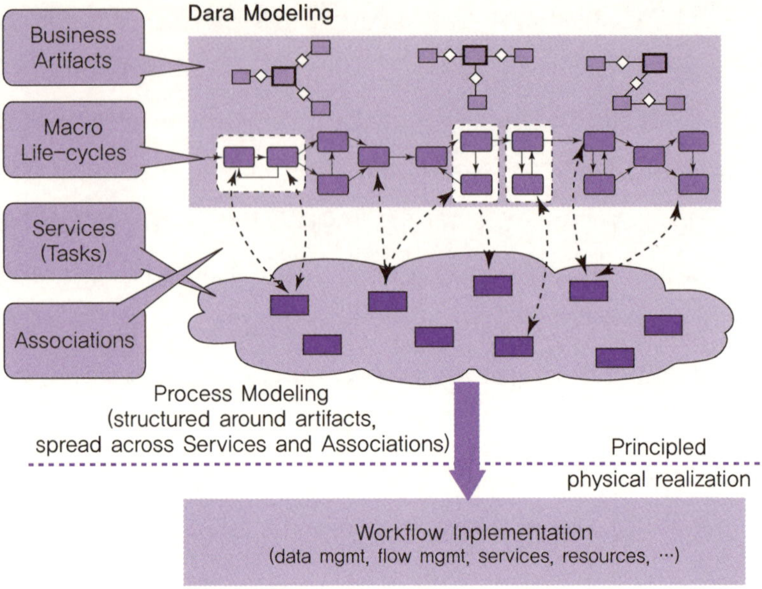

[그림 2-8] 아티팩트 기반의 비즈니스 프로세스 모델링의 4가지 요소[10)]

비즈니스 아티팩트 기반의 모델링 연구를 통해 도출된 서비스 모델링과 관련하여 다음과 같은 추가적인 연구가 필요하다.

- 비즈니스 프로세스를 바라보는 관점과 모델의 정의
- 활용도와 확장성을 지원할 수 있는 디자인 원칙의 도출
- 최적화와 구현 방법론
- 사용자 기반의 관점

10) Hull, Richard, "Artifact-centric Business Process Models: Brief Survey of Research Results and Challenges", 2008.

- 모니터링 기능 및 튜닝
- 비즈니스 전략과의 연계성

이와 같은 비즈니스 프로세스 모델링에 관한 연구들은 시장의 변화 속도와 경향을 반영하는 것으로 볼 수 있다. 시장이 변화하는 양상이나 규모가 전통적인 방법으로는 예측이 불가능해지면서 미래의 불확실성에 대비한 확장성과 유연성이 정보시스템 관련 툴의 기본 요건이 되고 있다. 시스템의 규모가 커지고 복잡해지면서 의사결정 및 구현에 필요한 시간을 줄이고 명확한 의사소통을 위하여 일관되고 이해하기 쉬운 서비스 모델에 대한 시장의 요구가 반영된 것이라고 할 수 있다.

다음에 기술하는 비즈니스 아키텍처(Business Architecture) 기반의 BESA(Bilingual Enterprise and Solution Architecture) 또한 여러 이해관계자들의 명확한 의사소통에 근거하며 비즈니스 전략에 따른 적절한 솔루션을 도출하기 위한 접근 방법으로 볼 수 있다.

비즈니스 아키텍처 & BESA
비즈니스와 기술을 통합하는 구조적 설계 방법

비즈니스 아키텍처는 구성요소 및 외부 환경과의 관계에 포함되어 있는 시스템의 기본적인 조직, 설계와 변화를 지배하는 원칙을 말한다.[11)]

아키텍처라고 하면 보통 컴퓨터 설계방식을 말하지만, 위키피디아 등의 사전을 참조하면 기능이나 구조, 사회적 요소를 모두 고려한 계획/디자인/구현 및 건설을 포함하는 확장된 의미로도 볼 수 있다.

비즈니스 아키텍처에 대해서는 표준화된 정의나 개념이 아직은 부족한 상황이다. 그러나 일반적으로 기업(Enterprise)이라고 명명된 인간이 창조한 사회시스템(Human Social System)의 아키텍처를 비즈니스 아키텍처라고 본다면, 인간의 지식과 경험을 중심으로 주요 활동이 전개되

---

11) Business Architecture : The fundamental organization of a system, embodied in its components, their relationships to each other and the environment, and the principles governing its design and evolution.(출처: McDavid, Kostyk & Wu, *Bilingual Enterprise and Solution Architecture*, 2006.)

는 서비스에서는 전통적인 제조 영역에서보다 그 의미가 커지게 될 것이다.

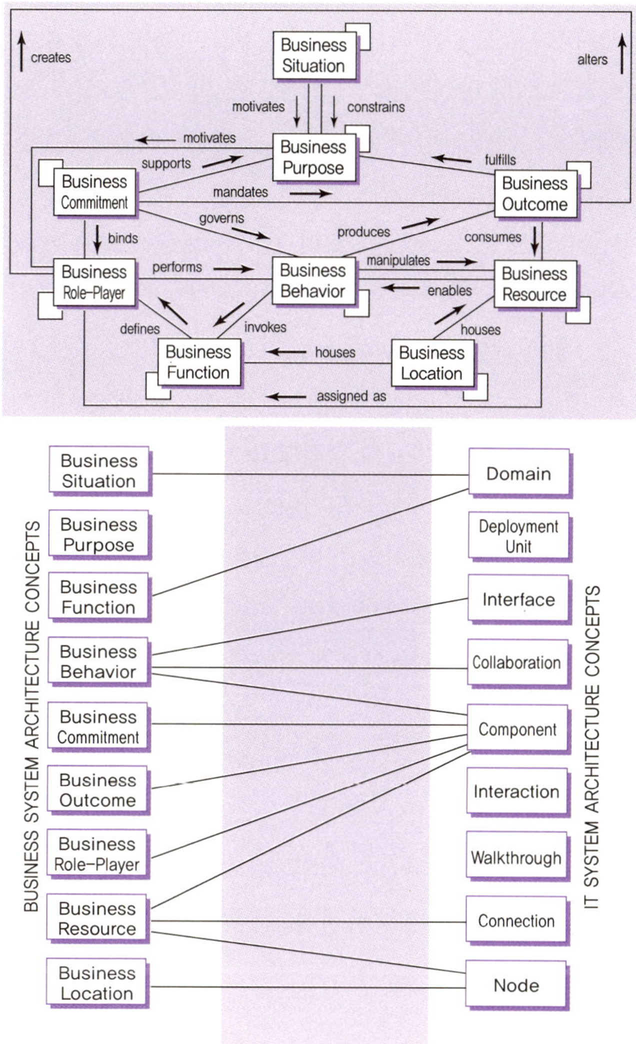

[그림 2-9] 비즈니스 개념도

IBM에서는 맥데이비드(McDavid)가 1999년에 제안한 개념[12)]을 기반으로 하여 BESA(Bilingual Enterprise and Solution Architecture)에 대한 연구를 진행하고 있다.

[그림 2-9]에서 보듯이 맥데이비드는 비즈니스 아키텍처를 체계적으로 설계하기 위한 방법으로 우선 비즈니스의 요소를 정의하고, 이를 IT 시스템에 연결할 수 있는 개념(concept)을 연구하였다. 그가 제안한 주요 비즈니스 요소는 비즈니스가 처한 상황에 대한 분석에서 시작하여, 비즈니스의 목적, 비즈니스 커미트먼트, 관련된 결과물, 자원, 활동, 역할, 기능, 위치 등으로 구성되어 있다. 또 IT 시스템 아키텍처의 개념은 '도메인-개발단위-인터페이스-협업-구성요소-상호작용-워크드로우-커넥션-노드'로 되어 있다. 그는 IT 도메인은 비즈니스 상황과 비즈니스 기능을 기반으로 정의되고, IT 요소들은 비즈니스 활동, 커미트먼트, 결과물, 역할, 자원을 기반으로 정의될 수 있다고 하였다.

이러한 비즈니스 아키텍처의 개념을 기반으로 한 후속 연구로 비즈니스와 기술, 특히 IT 기술 간의 언어를 이해하고 통합할 수 있는 바이링궐리즘(Bilingualism)에 대한 연구가 진행되고 있다. 그는 바이링궐 아키텍처(Bilingual Architecture)에 요구되는 특징으로 다음과 같은 항목을 제안하였다.

- 비즈니스와 기술적 관점을 이해하고 표현할 수 있다.
- 비즈니스 목적이 어떻게 파생되고 변화되는지 반영할 수 있다

12) McDavid, D.W., "A Standard for Business Architecture Description", IBM system Journal, Vol.38, No.1, 1999.

- 비즈니스의 목적으로부터 정보통신기술 개발 요건을 끌어내어 표현할 수 있다.
- 프로세스와 절차가 생성/변화/수정되는 과정을 표현할 수 있다.
- 가능한 솔루션과 이해관계자들의 평가를 연결할 수 있다(제언이나 의사결정에 도달하는 네트워크상의 의사결정 구조의 표현)
- 실제로 구현될 수 있는 테크놀로지 브리지(technology bridge)와 기술적 솔루션의 연결을 표현할 수 있다

인간 중심의 서비스 시스템은 그 영역이 점점 더 확장되고 있다. 사용자 혹은 고객과의 접점에서 사용되는 시스템은 백 오피스의 정보 시스템을 구현하는 것보다 더 어려운 것으로 알려져 있는데, 그 이유는 ① 인간과 기업의 조직 구조 및 네트워크 자체가 비가시적이고, ② 비즈니스와 기술 간에는 의사소통을 비롯하여 여러 가지 면에서 차이가 크며, ③ 인간의 조직 자체가 상시로 변화하기 때문이다.

비즈니스 아키텍처는 이러한 비가시적인 인간의 조직 네트워크와 의사소통의 불일치에서 발생하는 문제를 구조적으로 가시화하여 해결하고자 하는 솔루션으로, 비즈니스상의 의도와 목적(Business Intent), 소셜 네트워크(Social Network), 테크놀로지 아키텍처(Technology Architecture), 테크놀로지 브리지(Technology Bridge)의 정보를 기반으로 하여 설계하는 접근방법을 취하고 있다.

비즈니스에서 사용하는 용어와 기술 분야에서 사용하는 용어는 정의 자체도 많이 다르지만, 용어의 특징이나 주로 표현되는 방식, 기술(description)의 목적 등도 모두 다르다. 비즈니스 용어는 비전, 목적, 비용, 새로운 서비스나 시스템의 의미 등을 주로 논하며, 기술 용어

(technology-talk)는 솔루션, 필요한 기술의 구체적 내용이나 실행방법들을 주로 논한다. 비즈니스 용어는 수치적인 분석이나 이력/연혁에 관한 개념이 주로 표현되고, 기술 용어는 상징적이거나 약어, 구조화되고 체계적인 표현방식에 의존한다. 표에 두 용어의 주요 특징들을 정리하였다.

〈표 2-3〉 비즈니스 용어와 기술 용어의 차이점

비즈니스 용어	기술 용어
네트워크 등의 사회의 구조와 밀접한 관계	사회 구조와 독립적, 사회 구조에 대한 이해 요구
문자, 숫자, 그래프로 표현 예측적/분석적 운영/이력 관리	체계적인 그림, 도식으로 표현 상징적/모델/약어 아키텍처, 구조화

BESA는 이러한 비즈니스와 IT(모든 기술이 다 포함될 수 있지만, 여기에는 IT 기술만 고려한다) 간의 용어의 해석을 넘어, 비즈니스 쪽에서 요구하는 바에 따라 적절한 IT 솔루션 아키텍처를 설계하는 데 도움이 될 수 있는 방향으로 두 분야의 연결과 통합을 추구한다. 이를 위해서는 네트워크를 포함한 비즈니스 아키텍처, 즉 해당 조직의 구조와 원칙 등을 이해하는 것이 매우 중요하다. 비즈니스 아키텍처에는 주요 요소인 조직의 구조나 구성원 간의 관계, 문화 등의 무형적인 요소들이 많아 비즈니스 아키텍처를 완벽하게 가시적으로 표현하는 것은 아직 불가능하다. 하지만 BESA에서는 비즈니스 인텐트(비즈니스의 의도와 목적), 소셜 네트워크(조직적/지배적/문화적 구조), IT 기술 아키텍처, 테크놀로지 브리지의 4개의

주요 요소를 통합적으로 분석하여 비즈니스 아키텍처를 표현하는 방법을 연구하고 있다.

- 비즈니스 의도(Business Intent): 조직에서 추구하는 비즈니스상의 목적 혹은 프로젝트의 목적
- 소셜 네트워크(Social Networks): 조직적 · 지배적 · 문화적 구조, 기술적 솔루션을 사용하게 되는 사용자 집단. 인사관리자를 중심으로 한 공식적인 조직 구조와 함께 업무에 영향을 줄 수 있는 비공식적인 구성원 간의 관계. 특히 다국적/초국적 기업의 경우 다양한 종류의 문화가 존재할 뿐 아니라, 조직 구조가 자주 변화하며, 제품별/고객별/지역별/서비스별로 복잡하게 얽혀 있는 경우 인사상의 조직 구조보다는 개개인 차원에서의 네트워크가 더 중요할 수 있다.
- 테크놀로지 브리지(Technology Bridge): 기술적 가교 역할을 할 수 있는 솔루션이나 경험 등 재사용이 가능한 자원이나 자산을 예로 들 수 있다. 즉, 고객의 목적에 따라 필요로 하는 기술이나 솔루션의 후보를 매핑(mapping)하여 정의하고 설명할 수 있는 것으로, IBM의 CBM(Component Business Model) 같은 라이브러리(library)를 들 수 있다. 추가적인 솔루션 개발의 여지가 많다.
- 테크놀로지 아키텍처(Technology Architecture): 서비스 시스템의 기술적 역량, 기능, 설계, 구현방법 등의 묘사

실제 위에서 기술한 비즈니스 아키텍처 기반의 BESA를 이용한 사례를 IBM 내부 사례인 'ThinkPlace'와 IBM 고객 사례인 'Vassar

Brothers' Medical Center'의 주요 내용을 [표 2-4]와 [표 2-5]에 정리하였다.[13)]

ThinkPlace 프로젝트

ThinkPlace는 전사적으로 사용되는 IBM의 참여형 혁신(Open Innovation) 도구로 조직의 구조적 네트워크를 중점적으로 연구하여 진행한 프로젝트로, 주요 이해관계자와 그들의 조직 구조를 사전에 파악하는 것을 가장 중요한 성공 요인으로 규정하였다. 아이디어의 활발한 제안에서부터 실제 구현 및 사후 관리에 이르기까지 주요 이해관계자와 진행 절차를 우선적으로 파악하여 가장 최적화된 솔루션을 설계, 구현할 수 있도록 진행하였다. 또 조직의 구조적 네트워크를 포함한 비즈니스 아키텍처를 분석하고 표현하기 위해 비즈니스와 관련된 프로세스 도표, 역할 분류표를 비롯하여, 조직 간의 관계와 기능, 역할, 책임 등을 모두 파악하여, 관련자들이 쉽게 이해하고 의사교환을 할 수 있도록 각각의 프로세스와 역할을 모두 포함한 도식 형태로 표현하였다.

13) Bentley, A., Baffes, P., Gupta, K., Montgomery, T., Aronzon, D., Christiano, N., Lyons, C.G.K., "Designing and Building Technology Enabled Service Systems: Challenges and a Solution Framework: Two Case Studies", 2007.

〈표 2-4〉 BESA 관점을 기반으로 한 IBM ThinkPlace 프로젝트의 주요 정보 항목

비즈니스 의도	협업을 통한 참여형 혁신 솔루션 개발 (1) 전 IBM 직원의 참여 • 아이디어 제안 • 동료 간 협업의 촉진 • 보상 및 공로의 인정 (2) IT 시스템 기반의 아이디어 생성/검토 • 협업툴: ThinkPlace
소셜 네트워크	(1) 주요 이해관계자의 파악(사전 작업) • 시스템 사용자: 아이디어의 최초 제안자 혹은 추가 제안자 • 새로운 아이디어에 영향을 받는 집단(예를 들어 법무팀, 재정팀, 인사팀 등) • 채택된 아이디어가 구체적으로 현실화할 수 있는 집단 • 아이디어의 실행을 위해 구축/구현하는 기술 집단 (2) 절차와 역할의 확인 (3) 비즈니스 용어와 기술 용어를 위한 다중언어 환경 설계
테크놀로지 브리지	(1) 기존 툴: Ideas Program, Employee Jam (2) 파일럿 툴: Ideas and Needs Exchange(ThinkPlace 프로젝트 이전에 약 2년간 개발 중이던 도구)
테크놀로지 아키텍처	• 부적절한 아이디어의 자동 필터링 • 새롭게 제출되는 아이디어와 기존의 아이디어의 일치 여부를 검색하는 기술 • IBM의 통합 인사 데이터베이스인 Bluepage 사용자 프로필을 활용하여 시스템의 동질성 추구 • 다양한 자동 분류 기술을 사용한 탐색 기능 • 적절한 비즈니스 프로세스 흐름을 보장하기 위한 규칙 기반의 비즈니스 로직
결과	• 다수의 비즈니스 단위를 포괄하는 아이디어의 도출 • White-space(책임 소재가 불분명하거나 정의되지 않은 영역) 아이디어 • 지리적 경계를 포괄하는 아이디어의 도출(다국적 기업을 위한 통합 도구 역할)

ThinkPlace 프로젝트에는 도구를 통한 참여형 혁신이 성공하기 위해 필요한 동기를 분석, 파악하여 솔루션의 설계에 반영할 수 있도록 하였고, 테크놀로지 브리지를 활용하는 관점에서 가능하면 내·외부의 사용 가능한 자원이나 자산을 최대한 사용하는 방향으로 접근하였다.

결과적으로 투명한 절차를 통한 혁신적인 아이디어들이 80,000건 이상 제안되었고, 그중 100건 가량이 실제로 구현되어 사용 중에 있다. 20만 명 이상의 직원이 참여하였고, 그중 40% 이상은 한 번 이상 반복적으로 참여를 한 것으로 나타났다. 시간이 지나면서 아이디어의 수는 줄어들었지만, 그 내용이나 수준이 많이 향상되었고, 직원들에 대한 학습효과도 부수적으로 달성된 것으로 파악되었다.

Vassar Brothers' Medical Center 프로젝트

미국에서는 GDP의 16%에 해당하는 비용을 의료 관련 비용으로 지출하고 있는데, 이 중 1/3 정도 수준은 불필요하게 낭비되는 것으로 추정되고 있다. 질병이 아닌 예방 가능한 실수(예를 들어 약의 처방 및 복용 실수 등)로 인한 사망자수가 1999년 97,000명[14]에서 2004년에는 195,000명[15]으로 2배 이상 늘어난 것으로 보고되었다. 또 의료상 실수로 인한 사망이 미국 내에서 발생하는 사망 원인 중 6위로 알려져 있으나, 병원 내에서 발생하는 실수는 명확하게 보고/기록되지 않는 경우가 많은 것

14) 1999년 Institute of Medicine 자료 참조
15) 2004년 Healthgrades 자료 참조

〈표 2-5〉 BESA 관점을 기반으로 한 VBMC 프로젝트의 주요 정보 항목

비즈니스 의도	(1) 모기업인 HealthQuest 차원에서 수립된 비전, 전략 및 로드맵 (2) 비즈니스 도전 과제(Challenge) • 책임감(Accountability) • 투명성(Transparency) • 안전(Safety) • 수용량(Capacity) • 비용(Cost) • 효율성(Efficiency) (3) 과제 1순위: 투약 관련 오류의 감소
소셜 네트워크	(1) 리더의 파악 및 참여 • 솔루션 설계/개발: 절차의 표준화와 자원의 효율적인 사용 • 각각 팀에서 차출된 TFT가 문제를 진단하고 절차를 재설계 (2) 병원의 조직 문화와 구조, 환자 진단 절차의 분석 (3) 직원의 업무 특징 및 진행 과정의 파악: 업무 시간 동안 끊임없이 움직여야 함. (4) 도입할 기술을 직접 사용할 현업에서 필요한 솔루션 정의
테크놀로지 브리지	• Home Depot의 사례 활용(CIO가 이전에 근무한 회사)
테크놀로지 아키텍처	(1) Wireless Infra. 도입: 향후 5년의 로드맵 근거 • 실시간 의사소통을 위한 모바일 환경 구축 • Med-barcoding 시스템 • VoIP: 기존에 사용되던 유선전화를 대체하여 이동 시에도 원활하게 의사소통이 가능한 인터넷 전화 시스템 구축 • 장비의 위치추적시스템
결과 (2006년)	(1) Meds Bar-coding • 전체 건수: 1,385,847 • 경고 건수: 30,155 • 투약오류 예방 건수: 5,331(2005년에 보고된 오류 건수: 244) (2) Vocera/Voice over IP • 간호사 이동시간 감소: 85분/근무 • 비용절감: 약 백만 달러

으로 추정되고 있다. 디지털 병원의 성공 사례로 손꼽히는 Vassar Brothers' Medical Center(VBMC)는 병원 내에서 발생하는 모든 진료

및 치료 과정의 안전성과 투명성을 확보하는 것과 동시에, 베이비 붐 세대의 노령화에 대비하여 병원의 효율성을 높여 최적화된 수용 능력을 확보하는 것을 시급한 과제로 판단하였다. 그리고 디지털 병원으로 변화를 시도하면서 안전(Security)을 개선하기 위하여 의약품 복용과 관련된 실수를 줄이기 위한 프로젝트를 진행하였다.

VBMC가 추진한 비전은 크게 '환자의 안전성 강화' 이외에도 '간호사와 의사 간의 원활한 의사소통 실현' 과 '자원의 최적 활용' 을 포함하고 있다. 이러한 비전을 실행하기 위하여 병원의 이사진들은 조직 내 모든 사람들의 참여를 강조하고, 팀별 대표들로 구성된 TFT를 조직하여 문제를 진단하고 절차를 재설계할 수 있도록 추진하였다. '절차의 표준화' 와 '기술의 활용' 이라는 세부 목표를 정의하고 평가하기 위해 VBMC는 MIT의 'Lean Value creation model[16]' 을 사용하여 모기업인 HealthQuest의 장기비전부터 시행하였다. 그리고 'wireless infra.' 프로젝트 같은 멀티프로젝트, 'med-barcoding' 같은 단일프로젝트를 '가치식별(Value Identification) →가치제안(Value Proposition) →가치전달(Value Delivery)' 프레임워크를 통해 일관된 방향성과 영향도 분석을 시행하였다. 또 병원 내의 분야별 절차와 업무, 직원들에 대한 분석은 제조업에서 활용하는 '공급망 관리(Supply Chain Management)' 기법을 병원 시스템에 비교 분석하여 적용하였다. HealthQuest의 정보 분야 최고 임원(CIO)은 Home Depot의 wireless 기술 적용 사례를 테크놀로지 브리지로 활용하여 병원의 간호사와 같이 정보통신 기술과 관련이 없는 일반인들에게도 쉽게 활용될 수 있다는 것을 실례를 통해 확인시킬

---

16) VBMC는 MIT/ESD와의 공동 프로젝트로 진행되었다.

수 있었다.[17)]

VBMC에서 구축한 med-barcoding 시스템은 무선인식(RFID)을 통해 의사(처방)-약사(배포)-간호사(투약)의 3단계에 걸친 환자의 투약 내용이 일치하는지 투약 처방을 확인하도록 하는 솔루션이다. med-barcoding 솔루션이 사용된 이후의 집계된 전체 투약 건수에서 21%가 넘는 경고가 발견되었으며, 5,000건 이상의 약물투약과 관련된 오류를 예방한 것으로 보고되었다. 2005년에 보고된 투약 관련 오류 건수인 244건에 비해 2006년에는 20배 이상의 오류 건수가 발견된 것을 보면, 다른 조건이 동일하다고 가정할 때 2005년에는 감지되지 않은 투약 관련 오류가 더 있었음을 추정할 수 있다. 이렇게 보고되지 않은 실수를 방지하고 병원 운영과 관련하여 투명성을 확보하기 위해 VBMC에서는, 기술의 도입 이외에도 직원의 실수와 관련된 병원 문화를 개선하기 위해 다방면으로 노력하였다.

두 사례를 통하여 인간 중심의 서비스 산업에 기술 솔루션을 성공적으로 도입하기 위해 고려할 사항으로 제안된 항목을 정리해보면 다음과 같다.[18)]

● 주요 세 가지 도전 과제 — 비가시적이고 계속 진화하는 인간 조

17) "Wireless Healthcare Delivery: Adapting to Tomorrow's Needs with Mobile Processes", IBM, 2007.

18) Wu, L. (IBM GUP) & Nightingale, D., (MIT/ESD), "Discussion of Vassar Brothers IBM-MIT/ESD Case Study: Understanding Vassar's Technology Enabled Enterprise Transformation from a Lean Enterprise Value Perspective"

직의 구조와 네트워크, 비즈니스와 기술 간의 차이 — 의 해결이 필요하다.

- 비즈니스와 기술 도메인을 포괄하여 지식을 통합할 수 있는 바이링궐 아키텍처가 요구된다.
- 비즈니스 아키텍처를 표현할 수 있는 3가지 주요 요소 — 비즈니스상의 의도와 목적, 조직적 구조와 네트워크, 테크놀로지 브리지 — 의 파악이 중요하다
- 비즈니스상의 목적과 의도를 조직적/사회적 구조와 매칭시키는 것은 해당 프로젝트의 성공뿐 아니라 향후에도 추가적으로 적용/활용할 수 있다.
- 문서나 도식으로 표현될 수 있는 바이링궐 아키텍처는 두 가지 중요한 효과를 가져오는데, 프로젝트가 의도한 대로 잘 진행될 수 있도록 하고, 향후 전체 조직의 비즈니스 아키텍처를 설계하는 데 활용될 수 있다는 점이다.
- 조직 및 사회 구조를 프로세스를 거쳐 기술과 연결시키는 것은 새로운 발상의 전환(예를 들면 로제타 스톤 같은)을 요구한다.
- 비즈니스 기업 내의 대부분의 요소들은 시간이 지남에 따라 변화하고 진화한다. 전통적인 것에 대한 지식과 통찰 및 변화하는 기술 사이에서 균형을 유지하기 위해서는 서로 다른 것들을 이해하고 표현하고 개발할 수 있는 바이링궐 아키텍처의 역할이 점점 더 중요해질 것이다.

서비스사이언스 교과과정

Service Science to Smarter Planet

초기의 서비스사이언스 과정에 비해 최근에는 더욱 발전된 융합의 원칙을 개발하고자 노력하고 있다. 융합된 지식과 기술, 의사소통 능력을 가진 T자형 인재를 양성하기 위한 여러 연구들과 함께 다양한 과정들이 개설되어, 2009년 상반기 기준으로 전 세계 250개 이상의 대학에서 서비스사이언스 관련 과정이 진행되고 있다.

IBM의 연구 사례

제임스 스포러(James C. Spohrer)와 폴 마글리오(Paul Maglio)가 2009년 제시한 SSME(Service Science Management and Engineering) 과정을 살펴보면 크게 다음 [그림 2-10]과 [그림 2-11]의 두 가지 틀을 기반으로 하고 있다.[19)]

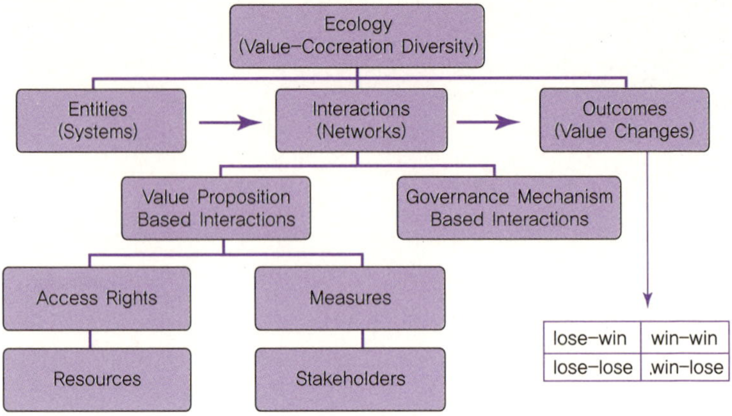

[그림 2-10] **서비스사이언스의 10가지 기본 개념**

우선 서비스가 기존의 전통적인 산업 분야와 가장 큰 차이점은 가치의 공동 창출이라는 점에 주목하고, '서비스의 공동가치 창출'을 기반으로 하여 그림과 같이 10가지 기본 개념을 제시하고 있다. 이러한 개념은 기존의 자연과학과 새로운 서비스 시스템 과학을 포괄하고 있으며, 서비스 시스템 또한 끊임없이 변화하고 진화하는 역동적인 유기체로 보고 있다. 10가지의 기본 개념은 서비스 시스템의 다양한 종류를 가리키는 '이콜로지(Ecology; 전력, 수자원, 교통, 교육 시스템 등)', 서비스 시스템을 전달하는 주요 주체가 되는 '엔티티(Entities; 병원, 대학, 정부 등)', 상호작용을 기반으로 하는 가치제안과 이를 관리하는 거버넌스 메커니즘, 공동의 가치창출을 지향하는 산출물, 가치제안에 대한 평가방법, 공동의 가치창출을 달성하기 위한 이해관계자, 자원, 권리 등으로 분류

19) Spohrer, J.C. & Maglio, P., "Service Science: Toward a Smarter Planet"
Karwowski. W. & Salvendy, G., "In Introduction to Service Engineering"

되어 있다([그림 2-10]). 이러한 기본 개념을 바탕으로 서비스 시스템의 과거-현재-미래와 profession을 아우를 수 있는 13가지 과정을 도출하고 있다(<표 2-6>).

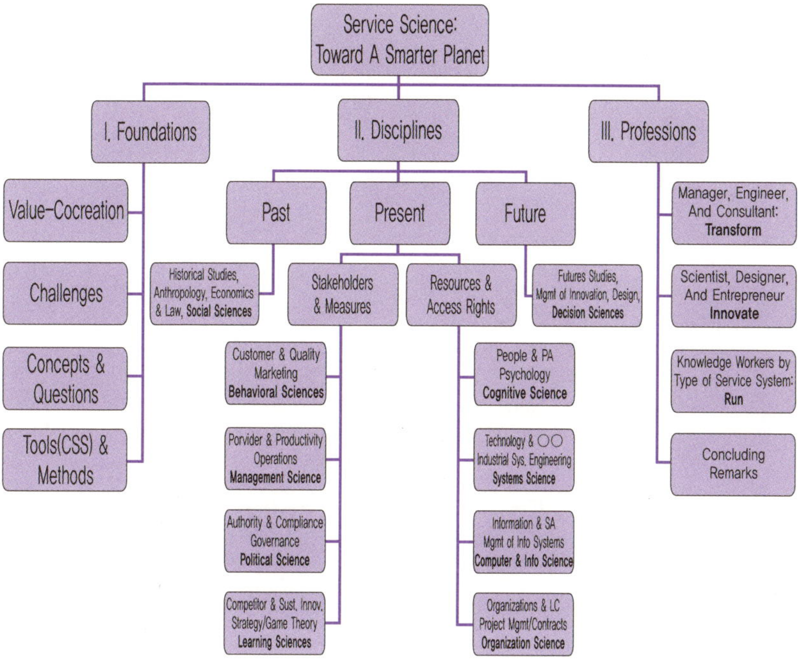

[그림 2-11] 서비스사이언스의 교과과정 프레임워크

서비스 시스템의 진화과정을 이해하기 위한 과거(Past)의 과정은 경제, 사회, 정치, 법률 등으로 구성된, 인간이 인위적으로 만들어낸 사회 시스템을 이해하기 위한 과정으로 볼 수 있다. 그리고 현재(Present)의 과정은 요구사항을 분석하여 솔루션을 도출하는 데 필요한 기본 요소로써, 각 이해관계자와 이해관계자별 가치의 측정 기준, 가용한 자원과 접근 권한에 대한 이해와 이를 구현하기 위한 항목으로 구성되어 있다. 마지막으로 미래(Future)를 위한 과정은 혁신을 창출하고, 의사결정을 더욱 합리화할 수 있는 방향으로 구성되어 있다. '과거–현재–미래'의 각 과정을 나열하면 다음 표와 같다.

〈표 2-6〉 서비스사이언스 과정의 예시

구분	과정
과거	1a. Economics/Social Sciences (Based on Individual Value Proposition) 1b. Law & Political Sciences (Based on Collective Governance Mechanism)
현재	2. Marketing & Behavioral Science(Customer Perspective) 3. Operations & Mgmt. Sciences(Provider Perspective) 4. Governance & Political Science(Authority Perspective) 5. Strategy & Learning Science(Competitor Perspective) 6. Psychology & Cognitive Science(People Type) 7. Ind. & Sys. Eng./Sys. Science(Technology Type) 8. Computer & Info. Sciences(Shared Information Type) 9. Contracts/Org. Science(Organization Type)
미래	10a. Project Mgmt/Decision Science (Focus on Challenges and Knowns) 10b. Innovation Mgmt./Decision Science (Focus on Opportunities and Unknowns)

정리하면, 서비스사이언스 교과과정은 서비스의 중심에 있는 인간의 경험과 지식으로 구성된 비가시적인 사회 시스템에 대한 이해와 정의를 바탕으로, 체계적이고 효율적으로 이를 발전시킬 수 있는 다양한 체계와 도구를 목표로 하여 구성되어 있다.

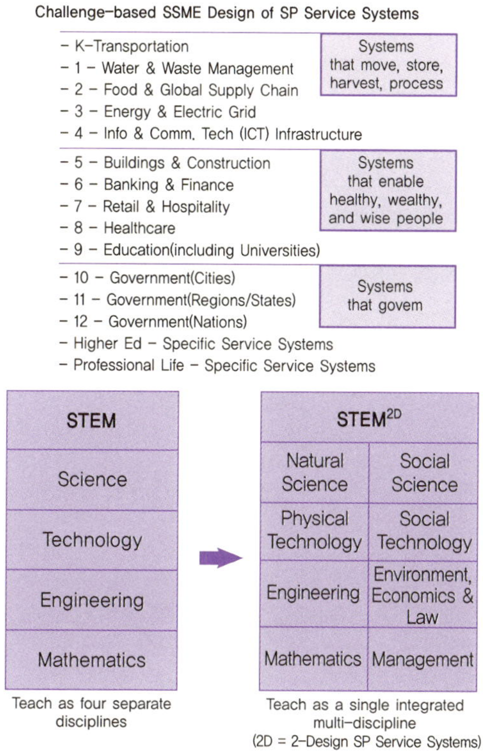

[그림 2-12] 초등교육의 서비스 시스템과 STEM 교육 제안 사례

이러한 고등교육을 위한 교과과정 이외에도, 현대사회의 서비스 시스템에 대한 근본적인 혁신 방안으로 서비스에 대한 기본 개념을 초등교육과정부터 적용하기 시작하였다. 이를 위하여 그림과 같은 초등교육 프로그램과 복잡한 서비스 시스템의 관점에서 수학과 과학을 강조하여 분리한 전통적인 STEM(Science, Technology, Engineering, Mathematics) 교육이 서비스 산업을 포괄적으로 이해하기 위한 $STEM^{2D}$ 형태의 통합 교육 방안으로 제시되고 있다.

초등교육 방법: Challenge 기반 학습 방법과 P21

'Challenge 기반 학습 방법'은 일상적으로 체험하는 서비스 시스템을 선정하여 학생들에게 단계별 교육을 통해 서비스 시스템을 더 잘 이해하게 하여, 당면한 문제와 필요한 스킬, 해결해야 하는 문제를 창의적으로 할 수 있도록 하기 위하여 시행된 사례이다. 실제 생활에서 접할 수 있는 문제를 정의하여 해결해나가는 프로젝트 방식의 학습 방법으로, 미국의 애플사에서 1985년부터 실시한 ACOT(Apple Classroom of Tomorrow)의 후속 프로그램인 ACOT2(Apple Classroom Tomorrow-Today)의 일환으로 2008년에 미국에서 시범적으로 시행되었다.[20]

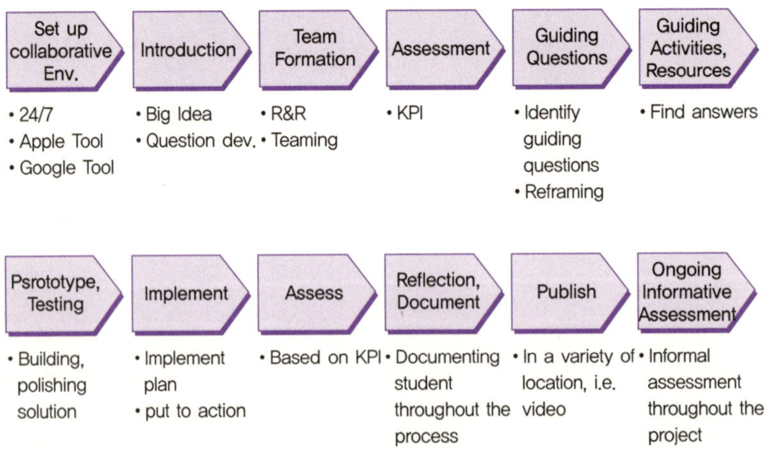

[그림 2-13] 'Challenge 기반 학습 방법'의 주요 프로세스

20) "Challenge-Based Learning: An Approach for Our Time", New Media Consortium, 2009.
"Challenge Based Learning: Take Action and Make a Difference", Apple, 2008.

'Challenge기반 학습 방법' 은 애플사에서 제공한 도구(컴퓨터, 동영상 제작 도구 등)를 활용하여, 그림과 같이 팀 구성, 문제점 도출 및 진단, 솔루션의 검증 및 구현, 평가, 검토, 문서화 및 공개제안 등의 단계로 진행되었다. 학생들과 교사들이 프로젝트를 진행할 수 있도록 관련 분야의 전문가들이 프로젝트에서 문제를 진단하고 솔루션을 도출하기 위해 필요한 여러 가이드라인과 함께 질문을 개발하는 방법 등의 기초적인 방안들을 제공하였다.

문제를 정의하고 솔루션을 도출하는 전체적인 프레임워크는 [그림 2-14]와 같이 구성되어 있다. 가령 빅아이디어(Big Idea)에서 분야를 정의하면, 관련 분야의 상황을 파악하기 위해 필요한 질문을 하면서 당면한 과제가 무엇인지 도출하고, 이를 해결하기 위한 솔루션을 개발하는 과정으로 구성되어 있다. 학생들과 교사로 주로 구성된 팀은 전문가들의 가이드라인을 참조하여 문제를 정확히 진단하고 솔루션을 검증하기 위한 여러 조사와 연구 과정을 거치게 된다.

문제를 정의하고 솔루션을 도출하는 과정에서 학생들은 학교에서 배우는 과목들이 실생활에서 어떻게 사용될 수 있는지 더 잘 이해하게 되고, 본인이 관심을 가지는 문제를 해결하기 위해서 어떤 기술과 능력이 필요한지 이해할 수 있게 된다. 또한 더욱 현실적인 방법으로 세상을 변화시키는 경험을 할 수 있고, 전통적인 방식으로는 학습에 집중하지 못하던 학생들도 놀라운 성과를 보여준 것으로 분석되었다. 학생들은 프로젝트 체험 이전에는 들어본 적도 없는 21세기에 필요한 역량과 기술 — Partnership for 21st Century Skill(P21)[21] — 이 무엇인지 생각해볼 수 있는 기회를 가질 수 있게 되었다고 보고되었다.

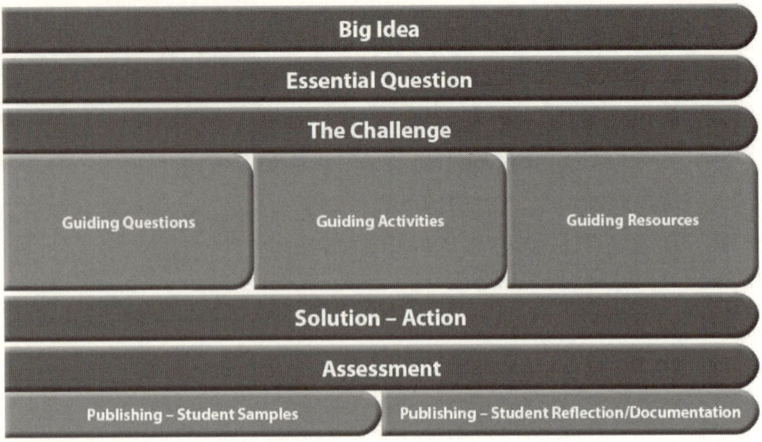

Manor New Technology High

Located in Manor, Texas, Manor New Technology High is a public high school that opened in fall 2007 with 160 ninth- and tenth-graders, expanding to 250 students in grades 9-12 in the 2008-09 school year.

Manor is considered part of the Austin-Round Rock metropolitan area. The small community school focuses on collaborative, problem-based learning. The student body is primarily multi-ethic, with 44% considered low socio-economic. ***http://www.manorisd.net/newtech/***

Big Idea **Sustainability of Food**
Question **What are the effects of your food consumption?**
Challenge **Inspire positive change in food consumption choices**

The 37 students and five teachers involved spent one week researching how food is produced, the impact of production and distribution on the environment, how different foods contribute to or detract from a person's health, and how to make appropriate food choices. They created a Mythbusters-like video to explain what they learned and to encourage healthy choices.

Pratt High School

Pratt High School, located in rural Pratt, Kansas (Pratt USD 382) serves 450 students in grades 9-12. The school serves a community of about 7,000 people, and is essentially homogenous in makeup, with 86% of students identifying themselves as white, Non-Hispanic.
http://www.usd382.com/vnews/display.v

Big Idea **Sustainability of Energy / Group Identity**
Question **How would the use of alternative energy sources impact my life? / Who am I and what do I want to be?**
Challenge **Make Pratt High School more energy efficient / Design your Dream Team for success**

Two teachers and 96 students participated in the pilot, with each teacher's students choosing a different big idea, essential question and challenge. Students in the English class created an introductory video describing the big idea and the challenge they took on; working in small groups, they researched the essential questions and proposed solutions.

[그림 2-14] Challenge 기반 학습 방법의 프레임 워크 및 사례

---

21) 미국의 K12(유치원생부터 12학년까지 포함하는)를 대상으로 하여 21세기 역량과 자질에 대한 비전을 수립하고 육성하기 위해 2004년에 설립된 단체로, 주요 과목은 English, reading/language arts, world languages, arts, mathematics, economics, science, geography, history, government, civics로 구성되어 있다. information, media, technology skill은 정보화 사회의 경향을 반영하는 것으로 정보, 미디어, 정보통신 기술에 대한 이해도를 요구하는 항목이다. 지원 시스템으로는 21세기를 위한 표준, 평가방법, 커리큘럼, 직업의 개발, 학습 환경 등을 주요 요소로 정의하였다.(www.21stcenturyskills.org)

산호세(San Jose) 주립대학: 다양한 협력 모델과 도구의 활용

산호세 주립대학에서 스테판 콴(Stephen Kwan) 교수가 진행하는 ITSM(IT Service Management) 사례 수업에서는 IBM 알마덴 연구소에서 개발 중인 가상화 저작도구를 활용하고 있다.[22]

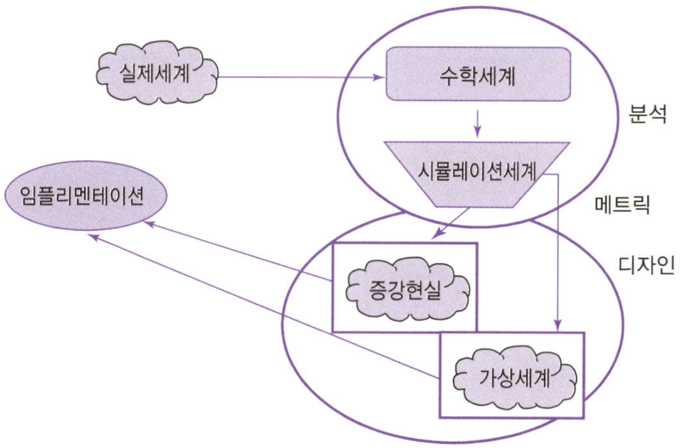

[그림 2-15] 실제세계에서 다양한 가상세계로의 순환

위의 그림은 실제세계와 연관된 다양한 가상세계를 보여주고 있다. 수학세계, 시뮬레이션세계, 가상세계, 증강현실 등은 각각 다른 특성과 기능을 가지고 있다. 실제세계(real world)에 대한 다양한 방식의 분석을 통해 도출된 설계안과 평가안은 가상세계(virtual world)나 증강현실(replicated world)에서 시험해볼 수 있는데, 산호세 주립대학은 이 중 IBM

22) Kwan, S. "SSME Design Laboratory Network", San Jose State University, 2009.

알마덴 연구소에서 개발 중인 저작도구(DRA)를 사용하여 가상세계에서의 시험의 기회를 학생들에게 제공해주고 있다.

산호세 주립대학에서 ITSM 수업 사례로 활용한 것은 케이블 TV 사례이다. 이 사례는 TV 방송 프로그램 제작회사 이외에도 페이스북과 광고회사 등으로 구성된 확장된 에코 시스템으로, 시스템 내의 가치 네트워크를 고려하여 ① 고객/사용자의 요건을 분석하고, ② 이러한 요건을 구현할 수 있는 기능과 정보 시스템 요건을 분석하여 적절한 솔루션을 도출한 다음, ③ 도출된 솔루션의 비용/효과 분석을 시행하여, ④ 고객에게 최종안을 제안한다. 도출된 솔루션을 분석할 때, 해당 회사의 전산실을 세컨드라이프에 구현하여, 실제 서비스의 구축과 관련된 과정을 현실적으로 체험하면서 비교 분석할 수 있다.

예를 들어 케이블 TV 회사에 제안할 새로운 오퍼링을 도출하게 되면, IT 서비스 측면에서 필요한 자원 — 전산실 공간, 전력, CPU 및 스토리지, 관련 인력 등 — 을 분석해야 한다. 즉, 자체적인 IT 시스템을 사용하는 옵션 이외에 추가로 클라우드 서비스를 사용하게 될 경우의 비용을 분석하고, 새로운 제안이 창출하게 될 매출 효과와 비교하여 최종적으로 제안을 하는 것이다.[23)]

학생들은 이러한 과정을 통하여 최신 경향의 산업 구조와 IT의 역할을 분석하고 실제 비즈니스 조건과 유사한 환경을 체험하며, 자신들의 아이디어를 개발하고 테스트하여 실제 기업의 담당자들과 논의하는 기회도 만들어낼 수 있다.

---

23) Kwan, S., “An Integrative ITSM Case Study and Virtual Reality Exercise”, San Jose State University, 2009.

DRA를 활용한 가상체험 이외에도 Innov8(IBM BPM Simulation Tool로 대학에서 사용이 가능한 아카데믹 버전이 있다)이라는 비즈니스 프로세스 모델링 툴을 활용한 가상체험 학습도 병행하고 있다.

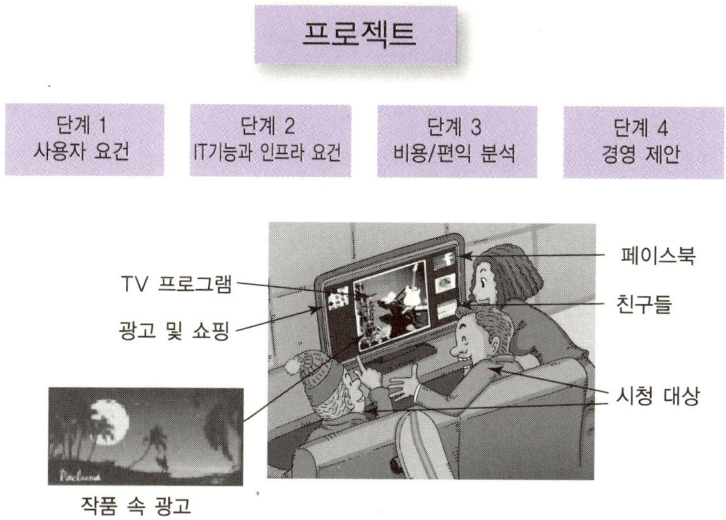

[그림 2-16] San Jose 주립대학의 ITSM 수업 사례 및 진행 방식

학생들 간의 협업을 활성화하기 위한 방법으로 산호세 주립대학교에서는 기존의 일렬로 구성되어 있던 컴퓨터실을 타원형의 책상들을 활용하여 구조를 변경하였다. 팀 프로젝트를 고려하여 팀당 6명 정도, 전체 40명 이상이 팀 프로젝트를 진행할 수 있도록 팀별 공간을 분리하였다. 타원형으로 3개가 연결된 책상 중 중간 책상에는 큰 모니터를 두고, 양쪽 책상에는 데스크톱 컴퓨터를 두었으며, 모든 책상에는 개인 노트북을 따로 사용할 수 있는 공간이 확보되어 팀 프로젝트 중간 중간

에 여러 작업을 팀원들이 공유하거나 갱신할 수 있고 다른 팀과의 의견 교환이 가능하도록 설계되었다. 감독자를 위한 공간은 컴퓨터실 중앙에 높이가 높은 의자와 책상이 따로 마련되어 있어, 학생들의 작업을 잘 볼 수 있도록 시야가 확보되어 있다. 각 학생들이 사용하는 의자는 소음이 없는 작은 바퀴가 달려 있어 이동이 편리하며, 전체 벽에는 소음 차단막이 추가로 장착되어 있다.

전통적인 구조의 일렬형 컴퓨터 실습실도 옆에 있어, 분리된 조용한 공간을 원하는 경우에는 쉽게 이용할 수 있어 학생들이 효율적으로 팀 프로젝트를 진행할 수 있다.

[그림 2-17] 산호세 주립대학교의 경영대학 컴퓨터실 전경

Print-out screen으로 사용하는 큰 모니터와 데스크톱 컴퓨터가 책상에 있고, 화이트보드 이용도 가능하다.

IBM Smarter Planet 사례
노스캐롤라이나 주립대학과 IBM의 클라우드 컴퓨팅 서비스 모델 (Virtual Computing Lab)

[그림 2-18]에서 보듯이 클라우드 컴퓨팅 서비스(이후 클라우드라고 한다)의 가장 큰 장점은 적은 비용과 자원의 높은 활용도를 들 수 있다. 가상화 기술을 통해 컴퓨터 장비의 경계가 사실상 없어지면서 기존의 자원을 통합하면 낮은 자원의 사용률을 높일 수가 있다. 따라서 자원의 활용도가 높아져 공간이나 수자원, 전력자원들의 절감이 가능하다. 특정 단체나 기업 내부적으로 사용되는 인트라넷 방식의 클라우드(private cloud라고 부르기도 한다)에 비해 외부의 일반 사용자를 위한 인터넷 방식의 클라우드(public 클라우드라고 부르기도 한다)는 단일 클라우드 서비스 제공자에 의해 통합할 수 있는 클라우드 컴퓨팅 자원 및 서비스의 규모가 커지면서 비용 절감 및 활용도의 효과가 배가되고 있다.[24)]

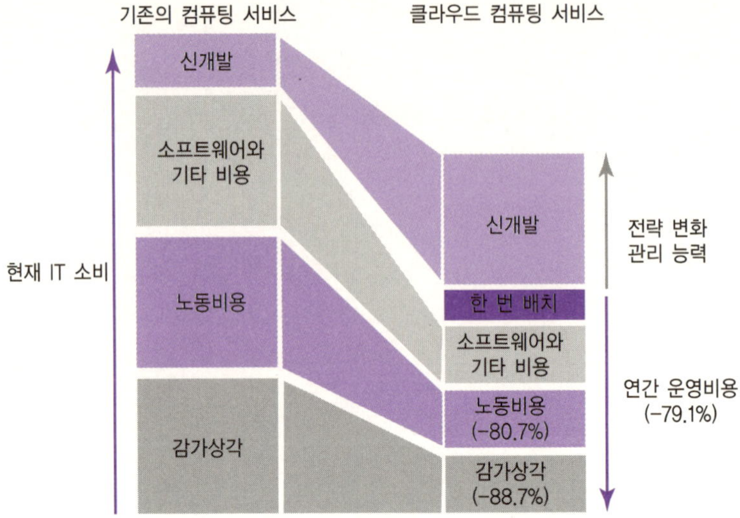

[그림 2-18] IBM TAP(Technology Adoption Program) 클라우드 배치 효과

클라우드의 핵심은 가상화와 프로비저닝(provisioning)이긴 하지만, 프로비저닝을 결정하는 가장 중요한 요소는 누구에게 어떤 서비스를 어떻게 제공할 것인지를 결정하는 비즈니스 모델이라고 볼 수 있다. 퍼블릭(Public)과 프라이빗(private)의 중간 형태인 커뮤니티 클라우드라고 할 수 있는 VCL의 서비스 모델과 프로비저닝을 살펴보자.

2008년 10월 기준으로 전 세계 13개의 IBM 클라우드 센터 중 하나인 노스캐롤라이나 주립대학의 VCL(Virtual Computing Lab)은 2008년 10월에 아파치와 인터넷을 활용한 클라우드를 시작하여, 노스캐롤라이나 주립대학 학생들뿐 아니라 K-12(유치원부터 고등학교) 학생들도 컴퓨터

24) Vargas, J., "IBM Cloud Computing", 2009.

자원을 자유롭게 활용할 수 있도록 클라우드 서비스를 설계, 운영하고 있다.[25]

노스캐롤라이나 주립대학은 대학의 자체적인 능력으로는 3만 명이 넘는 주요 사용자인 학생과 교직원들에게 비용 효율적으로 적절한 컴퓨팅 자원을 제공하는 것이 어렵다는 것을 느꼈다. 따라서 컴퓨팅 자원의 관리 체계에 근본적인 변화가 필요하다고 판단하였고, IBM과 공동으로 클라우드를 도입하여 접근성과 효율성, 편의성을 향상시킬 수 있도록 하였다.

VCL 솔루션은 인터넷을 통해 사용자가 노트북이나 PC, 모바일 디바이스 등을 이용하여 원격으로 원하는 애플리케이션과 환경에 접근할 수 있도록 한다. 이는 위치에 대한 제약 조건을 극복할 수 있어 노스캐롤라이나 주립대학의 학생이나 교직원들뿐 아니라, 주에 있는 초 · 중고 학생들까지도 더 나은 교육을 받을 수 있는 기회를 주고 있다. 실제로 3D 애니메이션 기술을 활용한 'ALICE' 라는 스토리텔링 프로그램이나 디즈니의 MathQuest라는 수학 관련 소프트웨어를 이용하여 개인별 수준이나 관심사에 따라 다양하게 콘텐츠를 사용할 수 있다. 노스캐롤라이나 대학은 듀크 대학과 공동으로 K-12 교육 프로그램에 대한 연구를 수행하고 있는데, 이러한 가상화 기술을 활용한 교육 프로그램이 위치적 제약이나 다른 제약 조건으로 인해 제대로 교육을 받지 못하는 전 세계의 학생들에게 더 나은 교육 기회를 제공할 수 있을 것으로 기대하고 있다.(교육의 민주화라고 부르기도 한다)[26]

---

25) "Building a Smarter Planet : NC State Makes a Breakthrough in Improving Access to Academic Computing Resources", IBM, 2008.

VCL의 주요 구성요소는 그림에 나타난 바와 같이, ① 웹과 API를 기반으로 한 최종 사용자를 위한 인터페이스, ② 인증 서비스, ③ 사용자의 요구사항을 처리하기 위한 VCL 관리 모듈, ④ VCL 데이터베이스, ⑤ 각각의 설치 자원과 VCL 이미지 로딩을 관리하는 노드 매니저 ⑥ 이미지 리포지터리(repository), ⑦ 컴퓨팅, 저장, 네트워크 자원으로 구성되어 있다. 이들 구성요소들은 하이퍼바이저(hypervisor)상의 이미지에서 구동되는 애플리케이션과 운영체제 레벨, VCL 매니저와 노드에서 관리하는 하드웨어 자원 레벨, 네트워크 레벨로 나누어진다.

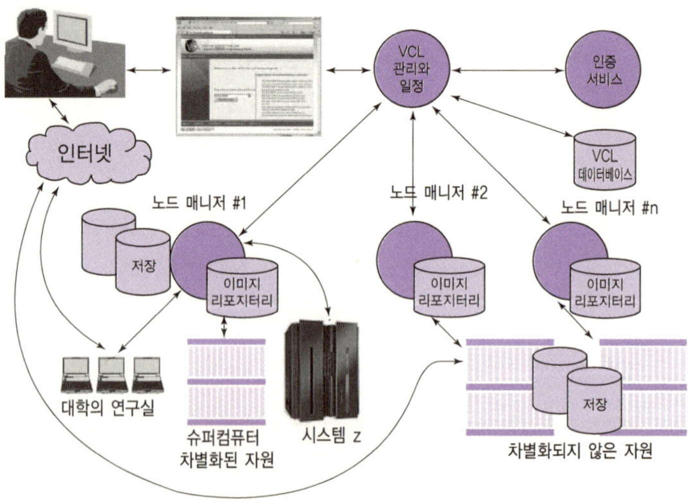

[그림 2-18] VCL 아키텍처

26) Vouk, M.A. et al., "Using VCL Technology to Implement Distributed Reconfigurable Data Centers and Computational Services for Educational Institutions", IBM Journal of Research and Development, Vol.53, No.4, 2009.

VCL에서 제공되는 서비스 프로비저닝은 이미지 리포지터리를 통해서 구현된다. 이미지는 일종의 소프트웨어 스택(software stack)으로, 필요에 따라 기본이 되는 운영체제와 사용자가 요구하는 미들웨어나 애플리케이션을 채택하여 운영체제 단이나 하이퍼바이저 단에서 최종 사용자가 사용할 수 있도록 제공되는 가상 컴퓨터라고 볼 수 있다.

사용자가 이미지를 만들 수 있는 권한이 있다면 운영체제만으로 구성된 기본 이미지를 불러들여 원하는 애플리케이션을 추가하는 것도 가능하도록 구현되어 있다. 전통적인 대학의 컴퓨팅 자원은 사용자가 관리자 권한이 없는 경우가 대부분이지만, VCL 환경에서는 사용자가 관리자의 권한을 자유롭게 누릴 수 있다. VCL 이미지에는 다양한 메타데이터가 포함되어 식별자, 위치, 이름, 소유자, 메모리정보, 접근 관련 정보, 라이센스, 하드웨어 요구사항, 로딩 시간, 권한 등을 담고 있다. 따라서 VCL 관리자 입장에서 사용량 통계에 따라 이미지 업로드 스케줄이나 이미지 프로파일 관리, 보안 및 기타 문제 추적 및 관리 등에 활용할 수 있다.

VCL 프로젝트를 통해 소프트웨어 라이센스 비용이 75%가 절감되면서도 라이센스당 학생들의 활용도는 150%가 향상되었다. 또 부서별, 기능별로 요구하는 컴퓨팅 자원을 효율적으로 배치할 수 있게 되었으며, 컴퓨팅 자원을 추가하지 않았음에도 수강신청 등의 사용량이 많은 이벤트의 처리 성능이 눈에 띄게 향상되었다. 학생들은 접근성과 활용도가 향상되어 만족감을 표시하였고, 교직원들은 최신의 소프트웨어를 자유롭게 사용할 수 있어 능률이 향상되었다. 또한 가상화 기술을 통해 전체 컴퓨팅 자원의 사용률이 증가하여 유휴 자원이 줄어든 것으로 나타났다.

VCL에서는 고성능의 복잡한 소프트웨어도 충분히 사용할 수 있게 되었다. SoldiWorks나 MatLab, SAS, 복잡한 네트워크 시뮬레이션 소프트웨어, 메인 프레임에서 구동되는 애플리케이션들에 대한 접근도 가능하여 전통적으로 컴퓨터실에 제한적으로 머물러 있던 소프트웨어를 학생들이 라이센스를 기반으로 자유롭게 활용할 수 있게 되었다.

VCL의 콘텐츠는 운영체제와 몇 가지 애플리케이션, 미들웨어와 스토리지 등으로 구성된 VCL 이미지에 투영되어 클라우드에 저장되어 있으며, 사용자가 저장하기를 원하지 않으면 그들의 가상공간은 세션이 종료되면서 사라지도록 구현되어 다른 사용자들에게 배치될 수 있도록 설계되어 있다.

VCL의 향후 계획은 더욱 다양한 사용자에게 다양한 솔루션(클라우드에서 사용할 수 있는 가상이미지 혹은 프로비저닝의 개발 및 구현을 포함하는 개념으로 볼 수 있다)을 편리하고 효율적으로 제공하는 것에 중점을 두고 있다. ① 가상화의 다양화, ② 사전적 스케줄링, ③ 이미지의 완전 자동구현, ④ 정부/군 수준의 보안, ⑤ 성능 향상, ⑥ 자원공유 수준의 향상, ⑦ 다른 클라우드 솔루션과의 연동 등을 포함하여 접근성과 콘텐츠를 기반으로 교육 분야에서의 혁신을 실현하고자 연구 중에 있다.

서비스사이언스를 통한 지속 가능한 서비스 혁신

지금까지 IBM의 사례를 중심으로 서비스 연구 사례를 간단한 방법론과 함께 소개하였다.

가상세계는 서비스 영역을 확장하는 것이 가능하고, 인간을 대상으로 각종 서비스의 시험 적용이 가능하다. 서비스 모델링은 기반 기술인 수학적 표현기술이 뒷받침된다면 각종 시뮬레이션이나 디자인 분야에서 활용 가능성이 매우 높을 것으로 기대된다. 서비스 분야의 주요 요소인 인간사회 시스템은 기업이 서비스를 생성하고 전달하는 기본 메커니즘으로 볼 수 있다. 이러한 메커니즘을 논리적으로 표현할 수 있다면 서비스의 운영 관리뿐 아니라, 개선 및 혁신에도 많은 도움을 줄 수 있을 것이다.

서비스사이언스를 통한 체계적인 교육과 서비스 시스템에 관한 포괄적인 이해가 뒷받침된다면 클라우드 컴퓨팅 서비스의 사례처럼 급속히 증가하는 아카데미의 컴퓨팅 수요와 학생들의 수요에 요구되는 소프트웨어를 적시에 지원할 수 있는 문제를 혁신적으로 해결할 수 있다. 마찬가지로 다른 분야에서도 지속 가능한 서비스 혁신이 이루어질 것으로 기대된다.

서비스 연구에서 중요한 또 다른 주제는 미래에 대한 예측을 들 수 있다. 시장의 변동성이 커지고 데이터가 폭발적으로 증가하면서 통계학과 분석학 등을 바탕으로 한 미래 예측과 의사결정 도구들에 대한 연구 또한 활발히 진행되고 있다. 여기에는 소개하지 않았으나 인간의 자연어에 대한 이해를 바탕으로 개방형 질문(open question)을 이해하여 퀴즈를 풀도록 하는 'Watson' 프로젝트를 예로 들 수 있다.

'Watson' 은 IBM연구소에서 진행하는 인공지능 개발 프로젝트로서 인간의 유머와 상징, 비유를 이해하고 단시간 내에 답을 찾아낼 수 있게 하여 미국의 퀴즈프로그램인 'Jeopardy' 에 참여하여 인간과 경쟁하는 것을 목표로 하고 있다.

Chapter 3

신서비스 개발
– 프로세스, 방법론 및 최근 연구 동향

SERVICE SCIENCE

김광재(포항공과대학교 교수)

서울대와 KAIST 산업공학과에서 학사와 석사학위를, 미국 Purdue 대학에서 경영학 박사학위를 받았다. 1994년~1997년 동안 펜실베니아 주립대학교 교수를 역임한 후, 1997년부터 포항공과대학교 산업경영공학과 교수로 재직 중이다. 대한산업공학회 산하 서비스사이언스 연구회의 회장을 역임하였고, 현재 서비스사이언스학회 부회장, INFORMS학회 Service Science Section의 운영위원, INFORMS학회 Quality, Statistics, and Reliability(QSR) Section의 국제 자문위원 그리고 APIEMS학회의 이사 등을 맡고 있다. 제품 및 서비스의 품질 혁신과 제품-서비스 융합 전략 등을 주로 연구하고 있다.

신서비스 개발 동기

오늘날 많은 기업들은 기술혁신과 고객 요구의 변화에 따른 도전에 직면하고 있다. 고객을 만족시키기 위한 새로운 제품과 서비스를 신속히 개발해내는 능력은 현대사회에서 기업의 생존에 필연적 요소가 되었다. 신서비스 개발은 신제품 개발과 마찬가지로 다양한 기능 부서들 간의 협력이 수반되어야 하는 복잡한 프로세스를 통해 이루어진다.

기업이 신서비스 개발을 하게 되는 핵심 동기는 고객들의 새로운 요구를 만족시키기 위한 것이다. 예전에는 만족스러웠던 서비스들이 고객 요구의 변화로 인해 더 이상 만족스럽지 않게 되는 경우가 종종 있다. 또한 세계화와 기술의 진보는 신서비스 개발을 촉구하는 또 하나의 중요한 이유가 되고 있다. 세계화의 진전에 따른 '평평해진 세상(flat world)'으로 인해 한 국가의 서비스가 다른 국가로 전이될 때, 그 국가의 문화에 적합하도록 서비스의 재창조가 필요하다. 또 정보통신 기술의 발달로 과거에는 볼 수 없었던 새로운 서비스들이 속속 출현하고 있다. 특히 최근에 많이 등장한 인터넷 기반의 서비스들은 이러한 기술적 혁신에 기인하고 있다. 고객 요구의 변화와 세계화는 신서비스 개발의 수요 관점에서의 동기(demand-pull)이고, 기술적 진보는 공급 관점에서의 동기(technology-push)이다. 이들 외에도 경쟁사의 서비스에 대항하기 위해서나, 규제가 풀린 새로운 시장에 진입하기 위해 기업들은 신서비스를 개발하게 된다.[1)]

신서비스 개발의 중요성에도 불구하고, 이에 대한 체계적인 접근이나 지원은 매우 부족한 상황이다. 실제로 많은 경우에 신서비스 개발은 개발자의 경험에 기반한 주관적이고 직관적인 방식으로 수행되고 있다. 신서비스 개발 과정에서 다양한 관점들이 고려되고 조화되어야 한다는 사실을 감안해보면 이러한 비정형적인 프로세스를 통해 경쟁력 있고 지속 가능한 서비스를 개발한다는 것은 매우 어려운 일일 것이다.[2)] 이 장에서는 신서비스 개발 과정을 시스템적으로 지원하기 위한 프로세스와 방법론에 대한 기존 연구를 정리해보고, 이 분야의 최근 연구 동향을 소개하고자 한다.

---

1) Haksever, C., Render, B., Russell, R. & Murdick, R., *Service Management and Operations*, 2nd ed., Prentice Hall, 2000.

2) Kim, K.J. and Meiren, T., *New Service Development Process, in Introduction to Service Engineering*, W. Karwowski and G. Salvendy(Eds), Wiley, New York, NY, 2010, pp.253-267

신서비스 개발 개요

신서비스 개발의 역할은 서비스 혁신의 프레임워크 내에서 쉽게 이해될 수 있다. [그림 3-1]에 나타난 바와 같이 서비스 혁신은 크게 서비스 개발, 서비스 운영, 서비스 개선의 세 단계로 구성된다.

서비스 개발 단계에서는 새로운 서비스의 콘셉트(concept)와 그 콘셉트를 전달하는 프로세스(process)를 개발한다. 서비스 운영 단계에서는 개발된 서비스를 고객에게 전달하는 과정을 관리한다. 서비스의 전달에 문제가 발생하면 이를 해결해야 하는데, 만약 발생한 문제를 단순히 해결하는 것으로 불충분한 경우에는 근본적인 개선이 필요하다. 서비스 개선 단계에서는 근본적인 개선을 필요로 하는 문제를 정의하고, 원인을 파악하여 개선책을 수립한다. 문제 원인의 심각성 및 개선책의 성격에 따라 서비스 개선의 결과는 서비스 운영 또는 서비스 개발 단계로 피드백된다. 세 단계 중 서비스 개발 단계가 이 장의 주제인 신서비스 개발에 상응한다.

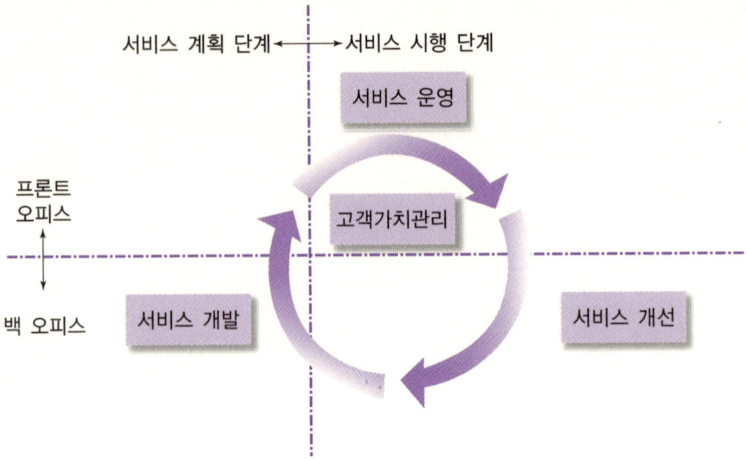

[그림 3-1] 서비스 혁신의 프레임워크

신서비스 개발의 개념

서비스 개발, 서비스 운영, 서비스 개선의 세 단계는 서로 밀접하게 연계되어 있다. 실제로는 동시에 수행되는 경우도 있으나, 개념적으로는 구분이 가능하다. 서비스 개발은 서비스가 출시되기 이전에 완료되는 반면, 서비스 운영은 서비스 출시와 함께 시작된다. 서비스 운영은 서비스 전달 과정에서 미리 정해진 서비스 프로세스의 기준이 충족되도록 관리하는 것이 목적이지만, 서비스 개선은 현재의 수준을 향상시키는 것이 목적이다. 서비스 개선에서 지향하는 개선은 현재 서비스 모델 내에서의 점진적 개선임에 반해, 서비스 개발은 새로운 혁신적인 모델의 창출이다. 그러나 서비스 개발, 서비스 운영, 서비스 개선의 세 단계는 궁극적으로 더 좋은 서비스를 통해 더 높은 고객 가치를 제공함을 공통 목표로 한다. 즉, [그림 3-1]에서와 같이 원의 중심에 위치한 고객가치관리가 세 단계의 구심점 역할을 한다. 세 단계가 반복되면서 서비스는 계속 진화하며, 이러한 진화 과정을 통해 서비스 혁신이 이루어진다.[3)]

앞서 말한 세 단계 중 서비스 운영과 개선 단계에 대하여는 상당히 많은 연구가 수행되어 왔다. 서비스 운영 단계를 위해서는 서비스 운영관리라는 분야가 있으며,[4)] 고객가치관리에 대한 연구는 서비스 마케팅 분야에서 활발히 이루어져 왔다.[5)] 서비스 개선에 대해서도 다양한 측면에서 연구가 수행되어 왔다. 일례로, 서비스 프로세스에서의 문제를 개선하기 위해 식스 시그마[6)]와 같은 프로세스 개선 방법론과 도구들을 활용할 수 있다. 이와는 대조적으로, 서비스 개발 단계는 상대적으로 새로운 영역이며, 본격적인 연구 분야로서의 역사는 매우 짧은 상황이다.

신서비스의 개발은 서비스의 목적을 설정하는 것부터 시작하여 전략계획, 서비스 콘셉트 설계, 서비스 프로세스 설계, 테스트를 거쳐 출시까지 하는 다양한 단계를 거친다. 서비스 콘셉트 설계와 서비스 프로세스 설계를 주축으로 하는 서비스 설계(Service Design)라는 표현은 신서비스 개

---

3) 김광재 · 홍유석 · 신동민 · 조남욱 · 정재윤 · 이연희 · 박하영 · 홍정완 · 강완모 · 신하용, "서비스 혁신 연구: 프레임워크와 연구이슈", 대한산업공학회지, Vol.35, No.4, 2009, pp.226-247

4) Johnston, R. and Clark, G., *Service Operations Management*, 2nd Ed., Prentice Hall, 2005.

5) Lovelock, C., *Principles of Service Marketing and Management*, Prentice Hall, 2001.

6) Harry, M., Schroeder, R. & Lurie, J., *Six Sigma: The Breakthrough Management Strategy Revolutionizing the World's Top Corporations*, Random House, 2000.

발(New Service Development)과 동의어로 혼용되기도 한다. 그러나 엄밀한 의미에서 서비스 설계는 신서비스 개발의 일부분이며, 이 장에서는 전체 과정을 포괄하는 의미로 신서비스 개발이라는 표현을 사용한다.

신서비스 개발에서 새롭다는 의미의 '신'은 다양한 수준으로 해석될 수 있다. 개념적으로 보면 서비스는 대상 고객군과 제공 기능 측면에서 새로울 수 있다. 대상 고객군과 제공 기능을 각각 '기존'과 '신규'의 두 가지 수준으로 구분하면 네 가지 조합이 가능하다. 우선 대상 고객군과 제공 기능이 모두 '기존'인 경우는 기존의 서비스 상황과 동일하며, 이를 제외한 세 가지 경우에 새로운 서비스 개발의 요소가 있는 것으로 볼 수 있다. 대상 고객군만 새로운 경우는 기존의 서비스를 새로운 시장에 도입하는 것으로, 주로 마케팅의 영역으로 볼 수 있다. 반대로 제공 기능만 새로운 경우는 기존 시장에 확장된 또는 새로운 서비스를 출시하는 것으로, 주로 연구개발의 영역으로 볼 수 있다. 마지막으로 대상 고객군과 제공 기능이 모두 '신규'인 경우는 가장 혁신적 의미의 신서비스 개발이다. 엄격한 의미에서는 이 경우가 진정한 신서비스 개발이지만, 현실에서는 자주 발생하기 어렵다. 따라서 현실적 관점에서는 대상 고객군과 제공 기능 중 어느 측면에서라도 새로운 요소가 있다면 모두 신서비스 개발로 간주하는 것이 타당하다고 하겠다.

신서비스 개발을 위한 도전적 이슈

신서비스 개발과 연관된 도전적 이슈들을 알아보기 위해, [그림 3-1]에 있는 서비스 혁신 프레임워크를 다시 참고하고자 한다. 이 그림에서, 세로선은 해당 활동이 수행되는 시간의 구분을 의미한다. 선의 왼쪽은 서비스가 출시되기 이전인 서비스 계획(Service Planning) 단계이고, 오른쪽은 서비스가 출시된 이후의 서비스 시행(Service Execution) 단계이다. 가로선은 해당 활동이 주로 수행되는 위치의 구분을 의미한다. 선의 위쪽은 서비스 제공자와 고객과의 접점이 있는 프론트 오피스(Front Office)이고, 아래는 서비스 제공자의 내부 활동으로 고객과는 분리되어 보이지 않는 백 오피스(Back Office)이다.

서비스 개발 단계는 서비스 계획 단계와 백 오피스의 교차영역에 해당한다. 서비스 계획 단계의 초점은 올바른 서비스를 정의하는 것이다. 즉, 개발되는 서비스의 효과성이 핵심적인 이슈이다. 한편, 백 오피스 활동의 초점은 높은 효율성을 성취하는 것이다. 요약하면, 서비스 개발 단계의 성공은 효과적인 서비스를 효율적인 과정을 통해 개발하는 데 있다. 효과성과 효율성은 근본적으로 양립하기 어려운 속성이 있는데, 이 두 가지 목표를 동시에 달성하는 것이 서비스 개발 단계의 성공 요건이며, 또한 도전 과제이기도 하다.

신서비스 개발은 여타 다른 분야에서의 개발과 마찬가지로 시스템적 접근을 통할 때 성공 가능성을 높일 수 있다. 앞서 말한 바와 같이, 신서비스 개발에서 현재 가장 취약한 부분은 서비스 개발을 위한 시스템적 지원의 부재, 즉 적절한 모델, 방법론, 프로세스 그리고 이를 지원할 도구의 부재인 것으로 판단된다. 또 다른 도전 과제로는 신서비스 개발에 대한 전사적 차원의 지원 부족, 조직 체계의 미비, 전문 인력 부족 등이 자주 언급된다. 이러한 도전 과제들은 주로 신서비스 개발의 중요성에 대한 인식 부족과 짧은 역사에 기인하는 것이며, 향후 이 분야의 중요성 부각과 함께 본격적인 연구와 개선이 기대된다.

신서비스 개발의 프로세스와 방법론들

서비스가 제품과 차별화되는 특징 중 하나는 그 생산 및 전달 과정에 있어 고객이 적극적으로 개입한다는 것이다. 제조 산업에서는 대부분의 생산 활동이 고객이 접근하지 못하는 백 오피스에서 수행되지만, 서비스에서는 많은 부분이 고객의 개입을 동반하며 프론트 오피스에서 수행된다. 서비스의 생산 및 전달 과정에서뿐만 아니라, 서비스를 개발하는 과정에서도 고객이 겪게 될 경험을 적극적으로 반영하는 개발 방법론이 필요하다.[7)]

앞서 말한 바와 같이 신서비스 개발 프로세스의 시스템적 접근은 매우 중요하다. 최근의 한 조사에 따르면, 성공적인 회사 중에도 아직 37%만이 신서비스 개발 프로세스를 정립하였고, 신서비스 개발 프로세스의 시스템화는 최우선 실행 과제 중 하나로 거론되고 있다.[8)] 특히

---

7) Teboul, J., *Service Is Front Stage: Positioning Services for Value Advantage*, Palgrave Macmillan, New York, NY, 2006.

8) Ganz, W. and Meiren, T., "New Service Development", Fraunhofer Institute for Industrial Engineering IAO, 2007.

새로운 서비스를 빈번히 개발해 온 회사들은 신서비스 개발 과정에서 중복되는 노력을 지양하고, 과거에 범한 실수가 재발되는 것을 예방하며, 기존의 노하우를 재사용하는 방법의 필요성을 절감하고 있다. 이러한 목적을 이루기 위한 첫 걸음은 신서비스 개발 프로세스를 정립하는 것이다.[9] 요약하자면 잘 정립된 신서비스 개발 프로세스는 전체 신서비스 개발 프로젝트의 핵심적인 성공 요소이다.[10]

신서비스 개발 프로세스

신제품 개발 프로세스는 여러 문헌을 통해 잘 정리되어 있다. 대표적으로 쿠퍼(Cooper), 바브나니(Bhavnani), 울리히(Ulrich)와 에핑어(Eppinger)의 저서에 잘 정리되어 있다.[11] 신제품 개발과 신서비스 개발은 개발의 대상은 다르지만 새로운 것을 개발한다는 측면에서 여러 가지 공통점을 갖는다. 양쪽 모두 고객의 요구에 기반해야 한다는 점, 고객에게 제품 또는 서비스 그 자체가 아니라 고객의 문제 해결을 통한 가치의 제공을 지향한다는 점, 새로운 것을 창조하기 위한 개발자의 창

---

9) Fähnrich, K.P. & Meiren, T., "Service Engineering: State of the Art and Future Trends", In Advances in Services Innovations(Eds. D. Spath and K.P. Fähnrich), Springer, 2007.

10) Edgett, S., "The Traits of Successful New Service Development", Journal of Service Marketing, 8(3), 1994, pp.40-49

11) Cooper, R., *Winning at New Products,* 3rd ed., Persus Publishers, 2001.
Bhavnani, R., *IDEO: Service Design*, INSEAD, 2006.
Ulrich, K. and Eppinger, S., *Product Design and Development,* 4th ed., McGraw-Hill, 2007.

의성을 요구한다는 점 등에서 매우 유사하다. 그러나 신서비스 개발에서는 제품과는 차별화되는 서비스만의 독특한 특성이 고려되어야 한다. 서비스는 제품에 비해 물리적 자원의 활용 정도가 낮고, 사양(specification)이 충족되지 않았을 경우라도 그로 인한 치명도가 상대적으로 낮으며, 개발 과정에서 프로토타입의 적용성이 낮고, 출시 후 설계 변경이 상대적으로 용이하다는 등의 특성이 있다.

현재까지 알려진 신서비스 개발 프로세스들은 다음과 같다.

쉐우잉(Scheuing)과 존슨(Johnson)은 방향설정(Direction), 디자인(Design), 테스트(Test), 출시(Introduction)의 4단계로 구성된 신서비스 개발 프로세스를 제안하였다.[12] 이들 단계는 총 15개의 하위 단계들로 세분화된다. 독일 프라운호퍼(Fraunhofer)의 산업공학연구소(IAO)에서 개발한 신서비스 개발 프로세스는 아이디어 관리(Idea Management), 요구사항 분석(Requirements Analysis), 서비스 개념화(Service Conceptualization), 서비스 시행(Service Implementation), 시장 출시(Market Launch)의 5단계로 구성되어 있다.[13] 알람(Alam)은 쉐우잉-존슨이나 마이렌(Meiren)의 프로세스와 기본 취지는 유사하지만, 서비스 시행 단계에 초점을 맞춘 프로세스를 제시하였다.[14] 최근에는 국내에서 일부 IT 관련 기업들을 중심으로 자사의 서비스 상황을 반영한 맞춤형 신서비스 개발 프로세스를 보유하려

---

12) Scheuing, E. and Johnson, E., "A Proposed Model for New Service Development", Journal of Service Marketing, 3(2), 1989, pp.25-34

13) Meiren, T., *Service Engineering: Systematic Development of New Services, In Productivity and Quality Management Frontiers*(Eds. Werther, W. Takala, J. and Sumanth, D.), MCB University Press, Bradford, 1999.

14) Alam, I., "An Exploratory Investigation of User Involvement in New Service Development", Journal of Academy of Marketing Science, 30, 2002, pp.250-261

는 노력이 진행되고 있다.[15)]

앞에서 언급된 프로세스들 외에도, 신서비스 개발 과정에 활용 가능한 몇 가지 프로세스들이 있다. 예를 들면, 사카오(Sakao)와 시모무라(Shimomura)는 친환경 디자인 체계의 일부로서 신서비스 개발 프로세스를 제공하고 있다.[16)] 식스 시그마를 위한 디자인(Design for Six Sigma; DFSS)으로 불리는 신제품/서비스 개발 로드맵 또는 QFD(Quality Function Deployment) 등의 방법론들이 신서비스 개발을 위해 사용될 수 있다.[17)]

지금까지 언급된 신서비스 개발 프로세스들이 [그림 3-2]에 종합적으로 제시되어 있다. 각각의 프로세스가 서로 상이한 단계 구조를 갖고 있어서 프로세스 간의 단계들이 정확히 일치하지는 않는다. 그러나 프로세스 간의 유사성을 가시적으로 나타내기 위하여 유사한 단계들은 대략적으로 같은 높이의 행에 배치하고자 하였다. 예를 들어, 쉐우잉과 존슨의 방향설정 단계는 마이렌의 아이디어 관리와 요구사항 분석 단계를 합한 것에 대응될 수 있다.

---

15) 황도연, "오픈타이드 서비스 개발 방법론 소개", 신서비스 개발을 위한 방법론에 관한 탐구 워크숍, 2010.
이준기 · 이민혜, "신서비스 개발을 위한 네트웍 기반 오픈 협조 모델", 신서비스 개발을 위한 방법론에 관한 탐구 워크숍, 2010.

16) Sakao, T. and Shimomura, Y., "Service Engineering: a Novel Engineering Discipline for Producers to Increase Value Combining Service and Product, Journal of Cleaner Production, 15, 2007, pp.590-604

17) Ginn, D. and Varner, E., *Design for Six Sigma Memory Jogger*, GOAL/QPC, 2003.
Fisher, C. & Schutta, J., *Developing New Services*, ASQ Quality Press, 2003.

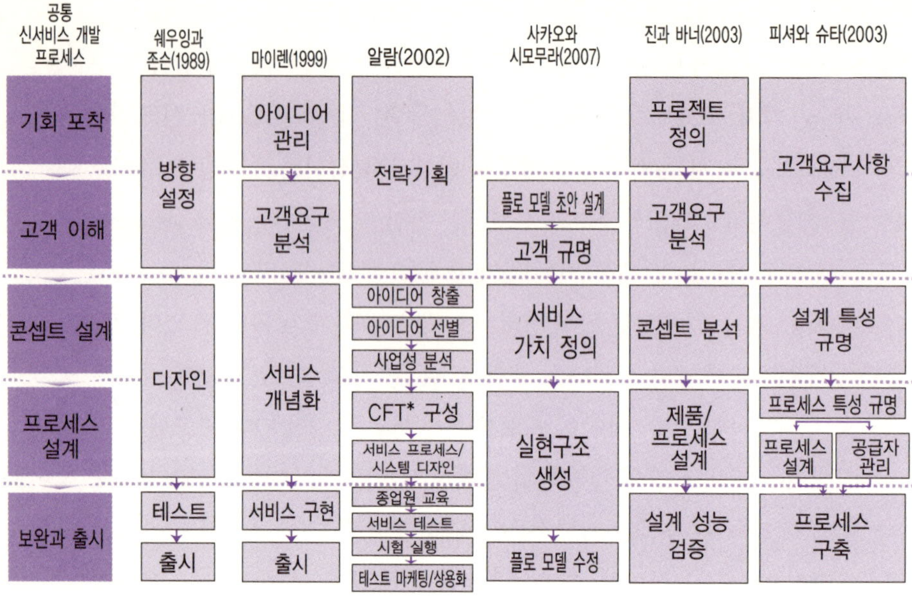

[그림 3-2] **신서비스 개발 프로세스들의 비교**

그림의 6개의 신서비스 개발 프로세스들은 공통적인 철학을 공유하면서도, 서로 간에 몇 가지 차이점을 보이고 있다. 쉐우잉과 존슨은 신서비스 개발을 위한 전략적 방향 설정을 강조하고, 마이렌, 피셔(Fisher)와 슈타(Schutta)는 고객요구사항의 수집과 분석을 강조한다. 알람은 다른 프로세스들보다 더 세분화된 단계들을 제공하고 특히 시행 이후를 더욱 강조한다. 사카오와 시모무라는 서비스 전달을 위한 프로세스 디자인보다는 서비스 기능의 정의에 치중하고 있다. DFSS와 QFD는 신서비스 개발에 특화하여 고안된 것은 아니지만, 신서비스 개발 목적으로 충분히 적용될 정도로 범용적인 체계이다.

6개의 프로세스를 기반으로 신서비스 개발을 위해 보편적으로 참조할 만한 공통 프로세스를 구성해보면 그림의 첫 번째 열에 나타난 바와 같다. 공통 프로세스는 기회 포착(단계 1: Opportunity Identification), 고객 이해(단계 2: Customer Understanding), 콘셉트 설계(단계 3: Concept Design), 프로세스 설계(단계 4: Process Design), 보완과 출시(단계 5: Refinement and Implementation)의 5단계로 구성된다.

기회 포착 단계에서는 새로운 서비스를 개발하거나 기존 서비스를 개선할 기회를 발견한다. 기회는 시장 및 기술의 동향을 통해 발견하거나 조직의 전략적 의도를 통해 설정되기도 한다. 고객 이해 단계에서는 목표 고객을 정의하고 그들의 요구를 확인한다. 고객의 요구 수집은 설문, 인터뷰, 포커스 그룹 등을 포함하여 다양한 방법을 통해 수행한다. 콘셉트 설계 단계에서는 서비스 기회와 고객 요구에 기반하여 서비스 콘셉트를 도출한다. 서비스 콘셉트는 고객이 요구하는 서비스와 현재 이용 가능한 서비스 간의 차이를 해소해야 한다. 프로세스 설계 단계에서는 서비스를 생산하고 전달하는 프로세스가 개발된다. 운영 업무 순서와 업무 간의 연계 관계, 각 업무의 투입과 산출 등과 같은 서비스 프로세스의 세부 사항들이 이 단계에서 결정된다. 마지막으로 보완과 출시 단계에서는 개발된 서비스를 테스트하고 시험 운영한다. 필요한 수정 및 보완 후에 비로소 서비스가 출시되며, 출시 후 평가 과정이 뒤따른다.

신서비스 개발 프로세스는 전형적인 신제품 개발 프로세스와 비교했을 때 매우 유사해 보인다. 특히 처음 세 단계들은 두 프로세스에서 공통적이다. 그러나 두 프로세스는 단계 4와 단계 5에서 구분된다. 신서비스 개발과 신제품 개발의 중요한 차이 중의 하나가 단계 4에서 수행되는 설계의 대상이 다르기 때문이다. 즉, 신서비스 개발에서 설계의 주요 대상은 서비스 프로세스인 반면에, 신제품 개발에서 설계의 대상은 제품의 상세 사양 (Specification)이다. 또한 신서비스 개발의 단계 5는 신제품 개발에서는 일반적으로 두 단계로 구분하여 이루어진다. 즉, 제품의 프로토타입 테스트를 통한 보완이 먼저 수행되고, 보완이 완료되면 시장에 제품이 출시된다. 그러나 신서비스 개발에서는 프로토타입의 개념이 제품의 경우처럼 일반화되어 있지 않아서 보완과 출시 사이에 명확한 선후 구분 없이 수행되는 경우가 흔히 발생한다.

공통 신서비스 개발 프로세스가 보편적으로 적용 가능한지를 간략히 평가해보기 위해 [그림 3-3]에서 이 프로세스와 IT 컨설팅 서비스 산업에서 흔히 사용되는 IT 서비스 협약 프로세스를 비교해보았다.[18] 두 프로세스 간의 유사성이 높고, 자연스럽게 상응되는 것을 알 수 있다. 이는 IT 서비스 협약 프로세스가 특정 고객 집단에 특화된 신서비스 개발의 하나의 유형으로 볼 수 있기 때문이다.

요약하자면, [그림 3-2]에 제시된 공통 신서비스 개발 프로세스는 신서비스 개발을 위한 범용적인 플랫폼을 제공하고 있으며, 필요시 약간의 수정을 통해서 다양한 신서비스 개발 상황에 응용 가능할 것으로 판단된다. 물론 수정이 되어야 하는 부분과 그 심도는 개발되는 서비스의 종류(예를 들면 순수한 서비스 혹은 제품과 통합된 서비스, 개인 서비스 또는 산업 서비스, 고객과의 접촉 수준의 정도 또는 표준화 정도 등)에 따라 다를 것이다.

18) 박준성, "Service Science & Engineering for IT Service Industry", 서비스 사이언스 연구회 창립 기념 워크숍, 2007.

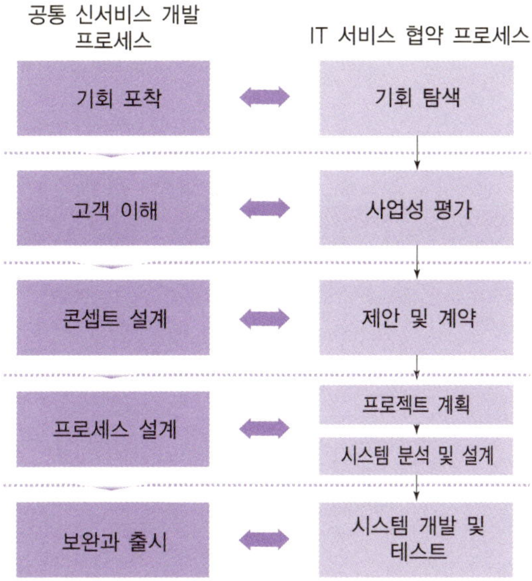

[그림 3-3] **공통 신서비스 개발 프로세스와 IT 서비스 협약 프로세스의 비교**

신서비스 개발 지원 방법론

여기에서는 신서비스 개발 프로세스를 지원하는 방법론들을 소개한다. 이들의 대부분은 신제품 개발을 위해 고안된 방법론들이지만, 신서비스 개발용으로도 유용하게 사용될 수 있다. 〈표 3-1〉은 공통 신서비스 개발 프로세스의 각 단계별로 사용 가능한 몇 가지 방법론들을 제시하고 있다. 모든 방법론들을 제시하기보다는 각 단계에서 가장 대표적이고 잘 알려진 방법론들을 선별하여 소개하고자 한다. 표에 보여진 바와 같이, 단계 1~단계 3에서는 기본적으로 신제품 개발과 같은 방법론들을 사용한다. 그러나 단계 4와 단계 5에서의 방법론들은 서비스의 특성인 프로세스 관점을 충실히 다룰 수 있도록 고안된 방법론들이다.

〈표 3-1〉 신서비스 개발 지원 방법론

단계	방법론
기회 포착	• 지각도(Perceptual Map; Schmalensee and Thisse, 1988) • 동향분석(Lee et al., 2001) • 관찰(Ronney et al., 2000; Bhavnani, 2006)
고객 이해	• 인터뷰/포커스 그룹(Ulrich and Eppinger, 2007) • 콘조인트 분석(Green et al., 1981) • AHP(Armacost, 1994) • QFD(Hauser and Clausing, 1988)
콘셉트 설계	• 브레인스토밍/브레인라이팅(Dominick et al., 2000) • 벤치마킹(Cooper et al., 2004) • QFD(Hauser and Clausing, 1988)
프로세스 설계	• 서비스 블루프린트(Shostack, 1984) • 프로세스 흐름도(Davis and Heineke, 2003) • QFD(Hauser and Clausing, 1988)
보완과 출시	• FMEA(Stamatis, 1995) • Poka-Yoke(Chase and Stewart, 1994) • 강건 설계(Taguchi, 1987)

표에 제시된 방법론들 중 QFD(Quality Function Deployment)와 서비스 블루프린트(Service Blueprint)가 특히 눈여겨볼 만하다. QFD는 신서비스 개발 프로세스 중 특정한 단계보다는 다양한 단계에 걸쳐 유용하게 활용될 수 있기 때문에 표에서 여러 번 언급되어 있다. 서비스 블루프린트는 여타 방법론들과는 달리 서비스 분야를 위해 특별히 고안되어 널

리 쓰이는 방법이다.

QFD

QFD는 신제품 또는 신서비스 개발의 전 과정을 통하여 고객의 요구사항이 최종 제품 또는 서비스에 충실히 반영되도록 지원하는 방법론이다. QFD의 목표는 제품 또는 서비스의 개발에 소요되는 시간과 비용을 줄이는 동시에 품질을 향상시키는 것이다. QFD의 장점으로는 초기 품질 문제의 저감, 개발 시간의 단축, 품질보증 요구의 감소, 팀워크의 향상 등이며, 무엇보다도 고객만족의 제고를 들 수 있다.[19] QFD는 본래 신제품 개발을 위해 고안되고 확산되었지만, 서비스 산업을 포함한 다양한 비제조 산업 영역에서도 많은 성공사례를 창출한 것으로 보고되고 있다.[20]

QFD의 기본 메커니즘은 고객의 요구로부터 출발하여 설계 특성, 부품 특성, 공정 특성, 생산 요구사항으로 순차적으로 변환하는 것이다. 앞에서 언급된 바와 같이 피셔와 슈타는 신서비스 개발을 위해 QFD에 기반한 프로세스 모델을 제안했다. 모델에서는 먼저 고객의 요구사항을 기술적 요구사항으로 변환하고(단계 1), 이를 다시 서비스 제공을 위한 프로세스(즉, 서비스 프로세스) 요구사항으로 변환한다(단계 2). 그 다

19) Hauser, J. and Clausing, D., "The House of Quality", Harvard Business Review, 66, 1988. pp.63-73

20) Chan, L. and Wu, M., "Quality Function Deployment: A Literature Review", European Journal of Operational Research, 143, 2002, pp.463-497

음, 프로세스 요구사항을 프로세스 제어사항(단계 3.1)과 공급자 제어사항(단계 3.2)으로 변환하고, 마지막으로 프로세스 제어사항은 프로세스 실행사항(단계 4)으로 변환한다. 요약하면, QFD는 고객의 요구사항을 충족시키기 위한 서비스를 체계적으로 개발하는 데 매우 효과적인 방법론이다.

서비스 블루프린트

서비스 블루프린트는 서비스 전달 프로세스의 흐름과 함께 서비스 시스템과 고객의 상호작용을 도식적으로 보여주는 차트이다.[21] 서비스 블루프린트의 최대 장점은 서비스 전달 시스템을 시각적으로 간결하게 표현하는 것이다. 따라서 서비스 블루프린트는 전체 시스템을 쉽게 이해하는 데 도움을 주며, 신서비스 개발에 관여한 다양한 조직 간의 의사소통을 용이하게 해준다.

또한 서비스 블루프린트는 전체 서비스 전달 프로세스를 도식화함으로써 서비스 프로세스의 잠재적 실패 요인 발견에 도움을 준다. 이것은 서비스 출시 전에 서비스 전달 프로세스를 향상시키기 위한 예방 차원의 수정을 가능하게 한다. 결과적으로, 서비스 출시 전에 서비스 프로세스를 더 강건하게 만드는 데 도움을 줄 수 있다. 프로세스 흐름도[22], FMEA(Failure Mode & Effect Analysis)[23], 포카요케(poka-

21) Shostack, G., "Designing Services That Deliver", Harvard Business Review, Jan.-Feb., 1984, pp.133-139

yoke)[24], 강건설계[25] 등의 도구가 이러한 목적을 위해 서비스 블루프린트와 결합하여 사용될 수 있다.

---

22) Davis, M. and Heineke, J., *Managing Services: Using Technology to Create Value*, McGraw-Hill, 2003.

23) Stamatis, D., *Failure Mode and Effect Analysis: FMEA from Theory to Execution*, ASQ, 1995.

24) Chase, R. and Stewart, D., "Make Your Service Fail-Safe", Sloan Management Review, Spring, 1994, pp.35-44

25) Taguchi, G., *System of Experimental Design*, UNIPUB/Kraus International Publications, 1987.

신서비스 개발 관련 최근 연구 동향

여기에서는 서비스 가치체계 분석 및 평가모델 개발, 신서비스 개발 과정의 신속화, 통합 IT 플랫폼의 개발, 제품-서비스 통합시스템 개발과 관련한 연구 동향을 소개한다. 이곳에 소개되는 연구 주제들은 신서비스 개발 프로세스의 효과성과 효율성을 제고하기 위해 서비스 공학적인 관점에서의 기반을 마련하기 위한 것들이다. 그러나 이 분야의 연구가 아직까지 초기 단계이므로 연구의 결과보다는 향후 해결되어야 하는 이슈를 중심으로 서술하고자 한다.

서비스 가치체계 분석 및 평가모델 개발

서비스 품질에 대한 평가는 일반적으로 고객이 서비스를 받기 전에 기대하는 수준과 서비스를 받은 후에 인지하는 수준의 차이를 바탕으로 이루어진다.[26] 여기에서 고객의 기대 수준과 인지 수준은 모두 고객의 내재적인 가치 체계와 깊은 연관이 있다. 따라서 고객에게 가치 있는 서비스를 개발하고 전달하는 과정을 관리하기 위해서는 고객이 서비스에 대하여 느끼는 가치 체계를 정확히 파악하는 것이 매우 중요하다. 신서비스를 개발하기 위해서는 먼저 고객의 가치 체계를 파악하고, 이에 근거하여 구현하고자 하는 목표 가치를 설정해야 한다. 고객의 가치 체계와 설정된 목표 가치는 이후의 서비스 개발 과정에서 지침이 된다.

제품의 개발에서와 마찬가지로 서비스의 개발에서도 창의적 설계 절차에 의한 발산적 과정(divergent process)과 합리적 평가 절차에 의한 수렴적 과정(convergent process)을 반복하게 된다. 예를 들어 설계자가 서비스 아이디어를 생성하면, 이는 평가모델을 통해 걸러지고 다듬어지는 과정을 반복하게 된다. 개념설계 단계에서는 서비스 아이디어, 서비스 시나리오 및 서비스 콘셉트에 대한 평가모델이 필요하고, 상세설계 단계에서는 구현되는 서비스의 성능에 대한 평가모델이 필요하다. 고객의 가치 체계에 근거하여 서비스를 평가하는 모델은 서비스 개발 과정에 있어 반드시 필요한 것임에도 불구하고 기존 연구가 취약한 실정이다.[27)]

---

26) Parasuraman, A., Zeithaml, V.A. and Berry, L.L., “A Conceptual Model of Service Quality and Its Implications for Future Research”, Journal of Marketing, 49(4), 1985, pp.41-50

27) 김광재 · 홍유석 · 신동민 · 조남욱 · 정재윤 · 이연희 · 박하영 · 홍정완 · 강완모 · 신하용, “서비스 혁신 연구: 프레임워크와 연구이슈”, 대한산업공학회지, Vol.35, No.4, 2009, pp.226-247

신서비스 개발 과정의 신속화

새로운 서비스의 성공 여부에 영향을 미치는 여러 요인 중 하나는 서비스 개발 과정의 속도이다.[28] 즉, 서비스의 개발이 얼마나 효율적으로 빠른 시간 내에 이루어지는가이다. 서비스의 개발 속도는 수명주기가 짧은 서비스일수록 더욱 중요하다. 그러나 신서비스 개발에서 개발 속도에 부정적 영향을 미치는 요인들이 있다. 이곳에서는 설명을 간단히 하기 위해, 서비스 콘셉트 설계, 서비스 프로세스 설계, 서비스 검증의 3단계로 구성된 단순화된 신서비스 개발 프로세스를 사용한다. 서비스 콘셉트 설계는 [그림 3-2]에서 제시된 공통 신서비스 개발 프로세스의 단계 1~단계 3에 해당하고, 서비스 프로세스 설계와 서비스 검증은 각각 단계 4와 단계 5에 해당한다.

서비스 콘셉트 설계는 본질적으로 개발자의 주관이 많이 개입되고 정형화하기 어려운 부분이다. 따라서 실무에서 이 과정은 주로 개발자들의 경험이나 직관에 의존해왔다. 서비스 프로세스 설계도 근본적으로 서비스 콘셉트 설계 과정과 같은 문제점을 안고 있다. 이상적으로는 서비스 콘셉트와 프로세스 설계가 서비스 출시 전에 테스트를 거쳐 완전히 검증되어야 한다. 그러나 현실에서는 출시 전의 검증이 불충분할 수밖에 없고, 이로 인해 출시 후에 문제가 일어나는 경우가 흔히 있다. 이러한 모든 요인들이 신서비스의 신속한 개발을 저해하는 장애물들이다.

신서비스의 개발 과정의 전체적인 신속화를 위해서는 우선 각 단계

---

28) Jimenez, A., Martinez-Ruiz, P. & Llama-Alonso, R., "The Impact of Success Factors on New Service Performance", IFSAM VIIIth World Congress, 2006.

별로 장애물을 극복하는 방안을 마련해야 할 것이다. 서비스 콘셉트 설계 단계의 신속화를 위해서는 정형화된 콘셉트 설계 프로세스의 개발 및 사용이 요구된다. 이러한 프로세스는 서비스 콘셉트 후보군을 도출하기 위한 체계적인 가이드를 제공해야 하며, 이를 통해 현실적이면서도 고객의 관점에서 매력적인 다수의 콘셉트 후보를 도출할 수 있어야 한다.

서비스 프로세스 설계 단계의 신속화를 위해서는 서비스 콘셉트 설계 단계와 마찬가지로 서비스 프로세스 설계 과정을 시스템적으로 지원하는 체계를 갖추어야 한다. 이를 통해 서비스 프로세스 설계 과정의 표준화, 서비스 프로세스의 모델링, 서비스 프로세스 구성요소들의 재사용성 제고 등이 이루어져야 한다.

서비스 검증 단계의 신속화를 위해서는 출시 전의 서비스 검증 기술이 향상되어야 한다. 서비스 검증은 서비스의 품질, 수행도, 생산성의 수준, 서비스 환경의 적합성 측면 등에서 이루어져야 한다. 검증은 서비스 출시 이전에 이루어지는 것이 바람직하므로 신뢰성 높은 검증용 데이터를 예측적으로 수집하고 분석하는 기술이 관건이다.

지금까지 서술된 아이디어에 근거해서, Rapid-NSD라고 불리는 신서비스 개발 모델이 제안된 바 있다.[29] Rapid-NSD는 신서비스 개발 과정에서의 품질 수준을 저해하지 않으면서, 개발의 속도를 증진시키는 데 목적이 있다. 서비스 콘셉트 설계, 서비스 프로세스 설계, 서비스 검증의 3단계는 각 단계별로 효율적으로 진행되어야 할 뿐 아니라, 단

---

29) Kim, K.J., Kim, D., Kim, K.S. & Kim, B., "A Model of Rapid New Service Development Process: Rapid-NSD", Paper presented at INFORMS, Seattle, USA, 2007.

계들 간의 인터페이스 및 통합도 원활히 이루어져야 한다. Rapid-NSD의 개념적인 프레임워크는 [그림 3-4]에 나타나 있다. 실선은 각 단계의 산출(또는 투입)을 의미하고, 점선은 단계 간의 피드백 정보를 의미한다. 각 단계의 신속화를 위해서 추가 연구가 필요한 대표적인 기술적 이슈들이 각 단계 안에 제시되어 있다.

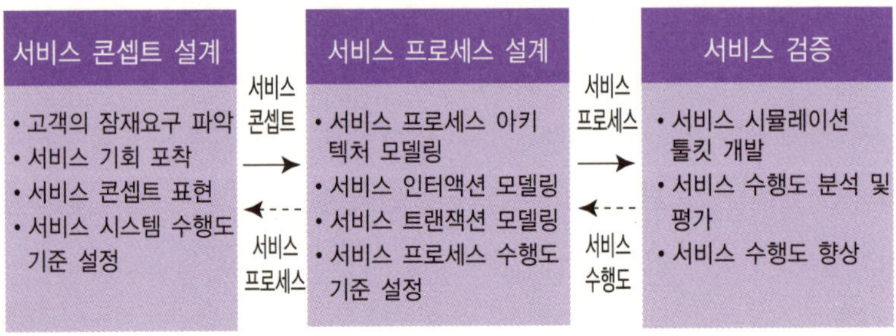

[그림 3-4] Rapid-NSD의 개념적인 프레임워크

통합 IT 플랫폼의 개발

신서비스 개발에 대한 연구의 역사가 짧기 때문에, 이를 지원하는 IT 기반의 도구들이 아직 미흡한 상황이다. 다른 분야에서의 개발과 마찬가지로, IT 지원 도구들은 신서비스 개발의 효율성과 생산성을 향상시키기 위해 반드시 필요한 기본적 인프라이다. 특히 신서비스 개발을 위해서는 통합된 IT 플랫폼과 컴퓨터 기반의 서비스 공학(Computer-aided Service Engineering; CASE) 도구들의 지원이 필요하다. 이러한 관점에서 볼 때 현재 알려진 시스템 중 서브랩(ServLab)과 서비스 익스플로러(Service Explorer)라는 두 개의 IT 기반 시스템이 주목할 만하다.

서브랩은 독일 프라운호퍼 연구소에서 개발한 서비스 테스트용 시스템이다.[30] 서브랩은 서비스의 프로세스를 가상현실 기술을 이용해 가시화함으로써 서비스의 개발과 개선을 위한 플랫폼을 제공한다. 즉, 서비스 콘셉트의 평가, 서비스 프로세스의 평가 및 개선 기회 파악, 서비스 프로세스의 최적화, 고객 인터페이스 디자인의 평가 및 개선, 서비스 종업원의 교육 등에 응용될 수 있다. 신제품 개발 시 프로토타입은 설계 대안을 평가하는 목적으로 매우 유용하게 활용된다. 신제품 개발과는 달리 신서비스 개발에서는 서비스 프로토타입이라는 개념 자체가 모호하고 이를 지원하는 도구가 없어 프로토타입의 활용이 극히 미진한 상황이다. 서브랩은 서비스 프로토타입을 현실화시키는 데 매우 유용한 IT 플랫폼이며, 이의 활용은 서비스 개발 과정의 생산성을 향상시키는 데 기여할 수 있다.[31]

서비스 개발을 위한 또 하나의 IT 기반 시스템은 서비스 익스플로러라고 불리는 서비스 CAD 시스템이다.[32] 이는 서비스 설계를 위한 컴퓨터 기반의 서비스 모델링 지원 도구이다. 서비스 익스플로러는 서비스 설계자가 서비스 모델을 표현하고, 데이터베이스에 등록된 적합한 서비스 모델을 검색하여, 이를 수정하고 평가하는 것을 가능하게 해준다.

이상 언급된 초기의 CASE 도구들을 기반으로 추후 더욱 심화되고 다양한 CASE 도구들을 개발하는 연구가 수행되어야 한다. 이러한 도

30) Fraunhofer(2008), http://www.dienstleistung.iao.fraunhofer.de/english/profile.htm

31) Burger, T., Kim, K.J. & Meiren, T., "Visualizing and Testing Service Concept", International Symposium on Service Science, Leipzig, Germany, March, 2009, pp.23-25

32) Arai, T. and Shimomura, Y., "Proposal of Service CAD System–A Tool for Service Engineering", Annals of the CIRP, 2004, pp.397-400

구들은 신서비스 개발 과정의 각 단계를 용이하고 효율적으로 수행하도록 하고, 결과적으로 전체 신서비스 개발 과정의 생산성을 획기적으로 향상시킬 것이다.

제품-서비스 통합시스템의 개발

최근에 들어 기업 간 경쟁이 치열해지고, 자원 고갈 문제가 심각해짐에 따라 기업의 가치 창출 구조가 변화하고 있다. 서비스 기능의 가치가 높아지면서 제품과 서비스를 통합하는 움직임이 나타나고 있다. 제품과 서비스의 통합이란 기존의 제조 기업 혹은 서비스 기업이 '제품의 서비스화' 혹은 '서비스의 제품화'를 통해 제품과 서비스가 통합된 형태의 상품을 제공하는 것을 의미한다. 이같이 제품과 서비스가 통합된 형태의 상품을 제품-서비스 통합시스템(Product-Service System; PSS)이라 한다. PSS는 기업의 경제성과 친환경성 측면에서 장점이 있다.

PSS는 최근에 태동된 개념이어서 전 세계적으로 PSS 분야의 연구는 초보적인 수준에 있다. 2000년경부터 유럽을 중심으로 PSS에 관한 개념적인 연구가 일부 진행된 바 있다. UN환경프로그램(UNEP)의 지원으로 수행되었던 SusProNet(Network on Sustainable Product-Service), SCORE(Sustainable Consumption Research Exchange) 등의 프로젝트에서는 PSS의 환경적 측면의 가치를 측정하고, 그 성공 요인을 분석하였다.[33)]

33) Tukker, A. and Tischner, U., "New Business for Old Europe: Product-Service Development as a Means to Enhance Competitiveness and Eco-efficiency", SusProNet, 2004.
SCORE-network(2008), http://www.score-network.org

또한 PSS의 패러다임[34], PSS를 위한 정보시스템[35], PSS의 라이프사이클 관리[36], PSS 개발 사례[37] 등에 대한 연구가 일부 존재하고 있다.

기존의 연구는 PSS의 개념을 공고히 하고 사회적 효용성을 확인하는 데는 기여하였지만, 이러한 혁신적 가치를 제공하는 PSS를 어떻게 개발해야 하는지에 대해서는 체계화된 방법론이 아직 취약한 상황이다. 또한 PSS를 통한 경제적, 환경적 효과에 대한 정량적인 측정 방법이 마련되어 있지 않아 새로운 PSS의 기대 효과를 명확히 제시하기 힘들다. 즉, PSS의 필요성에 대한 인식에 비해 PSS의 실제 개발 과정을 지원하는 체계적인 방법론에 대한 연구는 부족한 실정이다.

신제품/신서비스 개발은 새로운 제품 혹은 서비스를 개발한다는 측면에서 PSS 개발과 유사한 점이 있으나, 기존의 신제품/신서비스 개발 체계를 PSS 개발에 그대로 적용하는 것은 한계가 있다. 신제품/신서비스 개발에 관한 연구는 독립적으로 존재하는 제품과 서비스의 개발에 초점을 맞추고 있다. 그러나 PSS는 제품과 서비스가 통합된 것이며, 따

34) Meier, H. & Kortmann, D., "Leadership-From Technology to Use: Operation Fields and Solution Approaches for the Automation of Service Processes of Industrial Product-Service-Systems", Paper presented at the 14th CIRP Conference on Life Cycle Engineering, Tokyo, Japan, June 2007.

35) Kundu, S., McKay, A., Pennington, A., Moss, N. & Chapman, N., "Implications for Engineering Information Systems Design in the Product-Service Paradigm, Paper presented at the 14th CIRP Conference on Life Cycle Engineering, Tokyo, Japan, June 2007.

36) Aurich, J., Schweitzer, E. & Fuchs, C., "Life Cycle Management of Industrial Product-Service Systems", Paper presented at the 14th CIRP Conference on Life Cycle Engineering, Tokyo, Japan, June 2007.

37) Sundin, E., "Design for Integrated Product-Service Offerings: A Case Study of Soil Compactors", Paper presented at the 14th CIRP Conference on Life Cycle Engineering, Tokyo, Japan, June, 2007.

라서 PSS 개발의 핵심은 제품과 서비스의 개별적 개발이 아닌 유기적으로 통합된 개발이어야 한다. 기존의 신제품/신서비스 개발에 관한 연구는 PSS 개발 체계 구축을 위한 기초 자료로 활용 가능하되, PSS의 특성을 수용하는 체계적 방법론이다.[38]

38) 김광재 · 홍유석 · 박광태, "지속가능한 가치창출을 위한 혁신적 제품-서비스 통합시스템 개발체계 구축", 교육과학기술부 2009년 핵심연구지원 연차실적계획서, 2009.

신서비스 개발의 중요성과 향후 과제

신서비스 개발은 고객들에게 새로운 가치를 제공하기 위한 매우 중요한 활동이다. 신서비스 개발 과정은 새로운 서비스의 목표 가치를 설정하는 것으로부터 시작하여, 서비스 콘셉트 설계, 서비스 프로세스 설계, 출시까지의 모든 활동을 포함한다. 이 장에서는 현존하는 신서비스 개발 프로세스들과 신서비스 개발 프로세스를 지원하는 방법론들을 정리하였다. 또한 신서비스 개발 프로세스의 효과성과 효율성을 제고하기 위해 중요하게 고려되어야 할 연구 주제들을 최근의 연구 동향과 함께 소개하였다.

신서비스 개발의 개념은 서비스 혁신의 틀 내에서 이해되어야 한다. 서비스 혁신은 크게 서비스 개발을 필두로 하여 서비스 운영과 서비스 개선의 세 단계로 구성된다. 서비스 개발, 서비스 운영, 서비스 개선의 세 단계는 서로 밀접하게 연계되어 있는데, 세 단계가 반복되면서 서비스는 계속 진화하며, 이러한 진화 과정을 통해 서비스 혁신이 이루어진다.

일반적으로 미소와 함께 제공되는 '친절한 서비스'를 좋은 서비스와 동일시하는 경향이 있다. 친절성은 좋은 서비스가 되기 위한 필요조건이기는 하지만, 서비스 운영 단계 중 서비스 전달 프로세스의 여러 특성 중 하나일 뿐이며, 전체 서비스 관점에서 보면 매우 제한된 부분이다. 즉, 서비스 혁신은 서비스 개발, 운영, 개선의 전체적 관점에서 종합적으로 접근되어야 한다. 신서비스 개발은 서비스 혁신 프레임워크의 첫 번째 주요 단계이고, 서비스의 종합적인 고객가치 제고에 가장 큰 지렛대 효과를 가지고 있는 부분이다.

신서비스 개발의 중요성에도 불구하고, 현재까지 이에 대한 체계적인 접근이나 지원은 매우 부족한 상황이다. 경쟁력 있고 지속 가능한 서비스를 개발하기 위해서는 신서비스 개발 과정에서 다양한 관점들이 고려되고 조화되어야 한다. 또 이러한 과정을 지원할 수 있는 체계적인 프로세스, 방법론, 도구, 시스템이 개발되어야 한다. 앞으로 이 분야에 더 많은 관심과 연구 노력이 요구된다.

Chapter 4

제품-서비스 통합시스템 디자인 방법론

SERVICE SCIENCE

김용세(성균관대학교 교수)

서울대학교 기계공학과를 졸업하고 미국 스탠퍼드 대학교에서 기계공학으로 박사학위를 받았다. 2000년부터 성균관대학교 기계공학부 교수로 재직 중이며, 2005년부터 성균관대학교 Creative Design Institute 연구소장을 맡고 있다. 교육과학기술부 창의적 설계추론 지적교육시스템 연구단장, 한국 CAD/CAM 학회 부회장을 역임하였으며, 현재 지식경제부 제품-서비스 통합시스템 디자인 기술 개발과제 총괄책임자, 서비스사이언스학회 서비스 디자인 연구회장을 맡고 있다. 저서로 『창의적 설계입문』(생능출판사, 2009) 등이 있다.

이상원(성균관대학교 교수)

서울대학교 기계설계학과를 졸업하고 미국 미시간 대학교에서 기계공학으로 박사학위를 받았다. 2006년부터 성균관대학교 기계공학부 교수로 재직 중이며 성균관대학교 Creative Design Institute에 참여하고 있다. 현재 지식경제부 지원 제품-서비스 통합시스템 디자인 기술 개발 과제 세부책임자를 맡고 있다.

제품-서비스 통합시스템 디자인 방법론

제품-서비스 융합 시대

이제는 제품-서비스 융합 시대이다. 애플은 아이팟 제품과 아이튠스 서비스의 융합을 통해 MP3 플레이어의 세계 시장을 석권하였고, 롤스로이스는 비행기 엔진뿐 아니라 정비 서비스를 제품에 연계하여 엔진의 '사용'을 제공하고 있다. 이렇듯 인간의 삶을 풍요롭게 하고 새로운 가치를 창출하기 위해 제공되는 인공물인 '제품'과 '서비스'의 경계가 모호해지고 있다. 이 같은 상황에서 기업은 소비자/사용자의 근원적인 요구사항을 찾아내고 이를 충족시키기 위하여 제품과 서비스의 구분이 없는 총체적인 솔루션을 제공하기 위해 노력해왔다. 기업 경쟁력의 중심도 물리적인 사물인 제품에서부터 인간 본연의 가치에 깊이 연관된 서비스로 서서히 이동하고 있다.

제품-서비스 통합시스템

우리나라는 아직 제품이 강조된 제조업 중심의 산업구조라고 할 수 있다. 그러나 최근에는 서비스 중심의 패러다임 변화에 대처하고, 더 나아가 이를 이용한 새로운 비즈니스 모델의 창출로 경쟁력을 높일 수 있는 방법을 찾는 데 관심을 갖기 시작하였다. 이러한 상황에서 제품과 서비스의 융합을 통한 새로운 가치 창출을 지향하는 제품-서비스 통합시스템(Product-Service Systems, PSS)이 급속하게 대두되었다.

PSS의 개념은 1999년 후드코이프(Goedkoop) 등에 의해 최초로 소개되었다. 후드코이프 등은 환경 및 경제적 관점에서 PSS 개념 및 장점을 기술하였으며, 특히 PSS를 구체적인 고객의 요구 및 선호도를 만족시킨다는 관점에서 제품과 서비스를 통합적 시스템으로 새롭게 연계하여, 설계·제공·판매하는 혁신전략의 결과물로 정의하였다.[1] 이후 몽트(Mont)는 PSS를 수요자의 필요를 만족시키고, 기존 비즈니스 모델에 비하여 다양한 가치를 증진시키는 제품, 서비스, 지원 네트워크 및 인프라가 통합된 시스템으로 정의하였다.[2]

PSS의 핵심 개념은 '융합'이다. 이러한 PSS의 개발을 위한 제품과 서비스를 융합하는 방법에는 기존의 제품에 서비스 요소가 추가되는 제품의 서비스화(Product Servitization)와 기존의 서비스에 자동화 등의

1) Goedkoop, M.J., van Halen, C.J.G., te Riele, H.R.M. and Rommens, P.J.M., "Product Service Systems: Ecological and Economic Basics", Report for Dutch Ministries of Environment(VROM) and Economic Affairs (EZ), 1999.

2) Mont, O., "Clarifying the Concept of Product-Service System", Journal of Cleaner Production, 10: 237-245, 2002.

물리적인 제품 요소가 추가되는 서비스의 제품화(Service Productization) 등이 있다. [그림 4-1]에 주어져 있듯이, 첫 번째 경우의 대표적인 예로는 프랑스에 이어 우리나라에서도 많이 시도되고 있는 자전거대여 시스템을 들 수 있고, 두 번째 경우의 예로는 은행업무 서비스를 자동화한 은행업무자동화기기(Automatic Teller Machine, ATM)를 들 수 있다.

(a) 자전거 대여 시스템　　(b) Automatic Teller Machine(ATM)

[그림 4-1] PSS의 대표적인 사례

최근 PSS 개발 관점에서 설명될 수 있는 적절한 사례를 살펴보자. 2009년 미국 스탠퍼드 대학에서 열린 국제 엔지니어링 디자인 컨퍼런스(International Conference on Engineering Design, ICED)에서 HP의 컴퓨터 사이언티스트인 니나 바티(Nina Bhatti)가 기조연설에서 소개한 '컬러 매칭 서비스(Color Matching Service)' 이다.

PSS 개발 사례

HP는 고객사인 유명 화장품 회사에서 일반적인 IT기술을 넘어선 특별한 지원 요청을 받았다. 이에 따라 HP에서는 즉시 태스크포스 팀을 만들었고, 이 팀의 리더인 니나 바티는 먼저 화장품 소비자에 대한 조사를 하였다. 그 결과, 소비자들은 10대 시절 처음 사용한 화장품 브랜드에 대해 오랜 충성도를 갖고 있으며, 소비자들은 기초 화장품인 수백 가지의 파운데이션 중 소비자의 피부색에 딱 맞는 제품 선택 정보를 절실하게 요구하고 있다는 것을 알아내었다. 하지만 10대 소비자들을 대상으로 화장품 구매 정보를 얻어내는 일은 매우 어려웠다. 반면 10대 소녀들은 휴대폰을 마치 자신의 분신처럼 친숙하게 사용한다는 점을 발견하였다. 이 조사 결과를 토대로 HP는 소비자의 요구를 만족시키는 PSS를 개발할 수 있었다. 즉, 소비자들이 휴대폰으로 얼굴을 찍어 보내면 서버에서 이를 분석하고 얼굴색에 맞는 파운데이션 정보를 재전송해 구매를 돕는 서비스를 개발한 것이었다. 이때 화장 전문 지식은 아웃소싱을 통해 얻었고, 색채 기술(Color Technology)과 IT기술은 HP가 축적하고 있는 기술을 이용하였다. 그러나 무엇보다 이 기술을 성공으로 이끈 핵심 아이디어는 다양한 빛 환경과 각기 다른 휴대폰 카메라 기능에도 일관된 컬러 정보를 만들어내기 위해 색채 팔레트(Color Pallet)를 이용해야 하는 소비자 행위 디자인이었다. 색채 팔레트를 소비자가 직접 들고 자신의 얼굴을 찍어 해당 사이트에 올리는 행위의 공동 창출(co creation) 과정이 없어서는 성공적인 파운데이션 제품 선택의 정보 제공 서비스는 불가능했기 때문이다.

결국 HP는 축적하고 있는 기술을 바탕으로 하여 소비자의 참여 행위를 새로이 디자인한 것이었다. 이를 통해 소비자에게 새로운 가치와 경험을 제공하는 제품-서비스 통합 비즈니스 모델과 구체화된 기술을 기획, 디자인, 설계하여 화장품 회사에 제공하는 성공 사례를 만든 것이다.

제품-서비스 통합시스템 디자인

HP의 성공 사례는 국내에서 개발 중인 PSS 디자인 방법론을 활용한 것이 아니다. 그러나 HP와 같이 PSS의 성공적인 개발을 통한 새로운 비즈니스 모델을 창출하기 위해서는 국내 제조기업 및 관련 서비스 전문가들이 활용할 수 있는 체계적인 PSS 디자인 방법론이 절실하다.

PSS 디자인의 경우, 서비스 요소가 추가되므로 기존의 제품 디자인 방법론과는 다른 방법론이 요구된다. 따라서 체계적인 PSS 디자인 방법론이 부재한 상황에서 최근 선진 연구자들을 중심으로 PSS 디자인 방법론 개발에 관한 연구가 활발히 진행되고 있다. 디자이너 관점에서의 PSS 디자인을 위한 방법론적 프레임워크를 모렐리(Morelli)가 최초로 제안하였다.[3] 모렐리는 모바일 사무실 환경으로서 '도심 텔레센터(Urban Telecenter)'의 PSS 개발 사례 연구를 통해 주요 PSS 기능 및 요구조건을 도출하고, 이를 제품 및 서비스 요소와 연계하는 방법론을 제안하였다. 또한 아우리히(Aurich) 등은 제품 및 서비스 전 주기와 연관된 디자인 프로세스에 대하여 연구하고, 제품과 연관된 서비스의 체계적인 디자인 프로세스를 제시하여 기존의 제품 디자인 프로세스와의 통합을 시도하였다.[4] 마첸(Matzen)과 맥칼루운(McAloone)은 PSS 개발 시 고려해야 하는 다양한 이슈를 표현하고자 Activity Modeling Cycle(AMC)을 도입하였으며, 조선산업에서의 서비스 제공에 대한 사례 연구를 통해 AMC 모델의 효율성을 검토하였다.[5]

시모무라(Shimomura) 등은 서비스 공학(Service Engineering)에 관한 다양한 연구를 수행해오고 있다.[6] 즉, 플로 모델(Flow Model), 스코프 모델

3) Morelli, N., "Product-Service Systems, a Perspective Shift for Designers: A Case Study: the Design of a Telecentre", Design Studies, 24(1): 73-99, 2003.

4) Aurich, J.C., Fuchs, C. and Wagenknecht, C., "Life Cycle Oriented Design of Technical Product-Service Systems", Journal of Cleaner Production, 14: 1480-1494, 2006.

5) Matzen, D. and McAloone, T.C. "A Tool for Conceptualising in PSS Development", Design for X, Beiträge zum 17. Symposium. Lehrstuhl für Konstruktionstechnik, Technische Universität Erlangen, 131-140, 2006.

(Scope Model), 뷰 모델(View Model) 및 시나리오 모델을 포함하는 서비스 모델과 서비스 수혜자의 가치를 의미하는 Receiver State Parameter (RSP)를 포함하는 서비스 디자인 프로세스를 제안하였다. 또한 컴퓨터 기반 서비스 디자인 지원 시스템인 서비스 익스플로러(Service Explorer) 프로토타입을 구현하였다. 시모무라 등의 연구 결과인 서비스 모델을 기반으로 마우상(Maussang) 등은 기존의 제품 디자인 프로세스를 수정한 PSS 디자인 프로세스를 제시하였다.[7] 특히 기능 분석 및 에이전트 기반(Agent-based)의 가치 디자인을 기반으로 하여 자전거 대여 시스템인 벨로브(Velo'v)에 적용한 사례 연구를 수행함으로써 제시된 디자인 방법론의 적용성을 검토하였다. 국내의 경우에는 PSS 디자인 방법론에 대한 선행 연구는 수행되지 않고 있다. 그러나 최근 PSS 디자인 방법론의 개발 필요성이 대두되고 있어 성균관대학교의 Creative Design Institute(CDI, http://cdi.skku.edu)를 중심으로 체계적인 PSS 디자인 방법론이 제안되고 있으며, 다양한 사례 연구 및 지적재산권 출원으로 타당성과 적용성이 검토되고 있다.

6) Sakao, T. and Shimomura, Y., "Service Engineering: a Novel Engineering Discipline for Producers to Increase Value Combining Service and Product", Journal of Cleaner Production, 15: 590-604, 2007.

7) Maussang, N., Sakao, T., Zwolinski, P. and Brissaud, D.. "A Model For Designing Product-Service Systems Using Functional Analysis and Agent Based Model", Proc. Int'l. Conf. on Engineering Design, Paris, 2007.

제품-서비스 통합시스템 디자인 방법론 사례

PSS 디자인 방법론은 성균관대학교 CDI 연구진을 중심으로 구성된 PSS 디자인 산학협력 컨소시엄(http://pssd.or.kr)에 의해 개발되고 있다. [그림 4-2]에 주어진 것처럼 PSS 디자인은 크게 (1) 요구 조건 추출 및 목표 가치 도출, (2) 관련자 행위 디자인, (3) PSS 기능 모델링, (4) 기능-행위 연계 및 PSS 개념안 생성, (5) PSS 개념안 구체화, (6) PSS 개념안 프로토타이핑 등의 단계로 이루어진다.

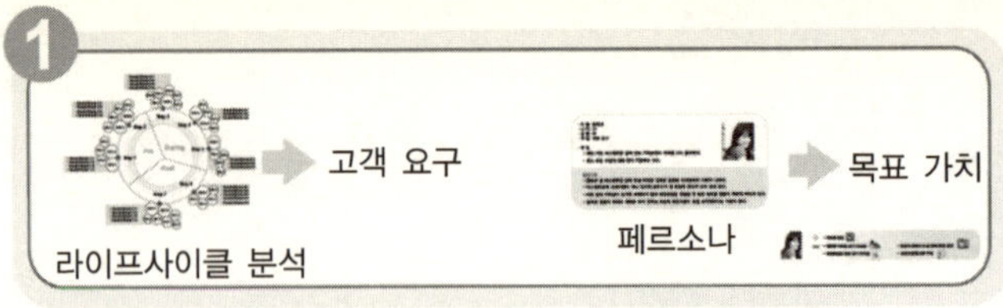

요구 조건 추출 및 목표 가치 도출

관련자 행위 디자인

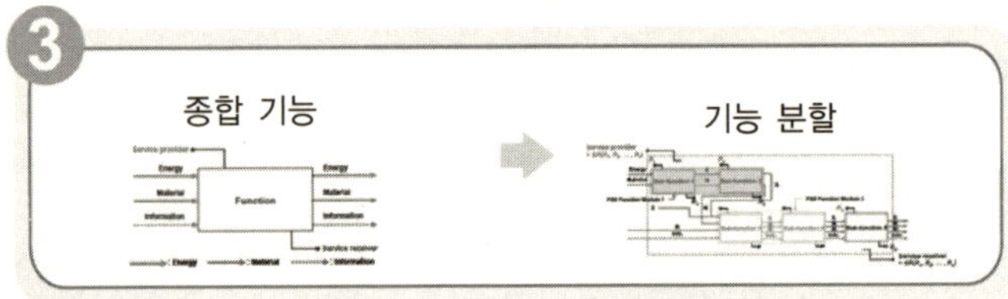

PSS 기능 모델링

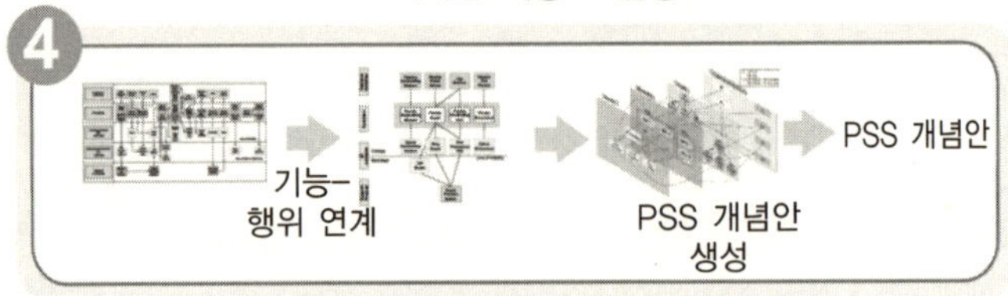

기능-행위 연계 및 PSS 개념안 생성

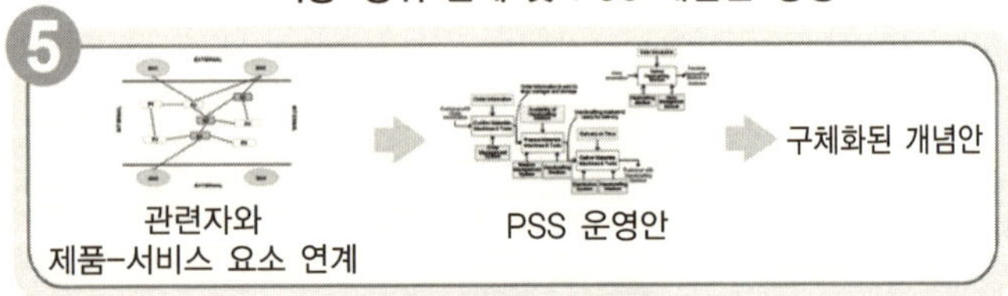

PSS 개념안 구체화

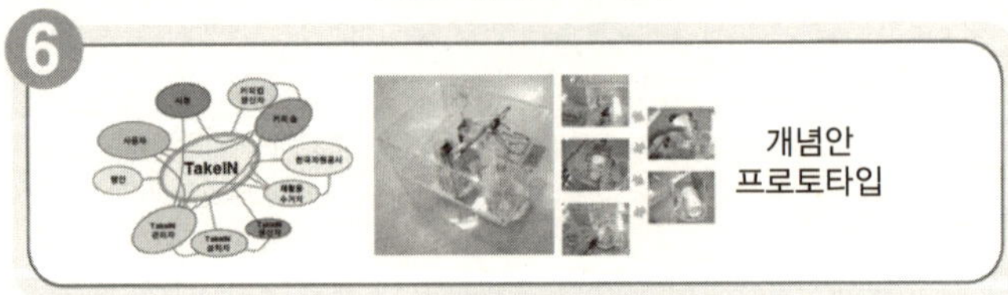

PSS 개념안 프로토타입

물론 실제 PSS 디자인 과정은 이들 6가지 단계 간 여러 형태의 반복으로 진행된다. 또한 이들 각 단계에서는 많은 양의 정보가 생성되고 연계되므로 이러한 정보의 저장, 검색 및 관리 등을 가능하게 하는 소프트웨어 지원도구의 역할이 중요하다. 현재 이러한 지원도구의 개발이 진행 중에 있다. 각 단계에서의 디자인 활동에 대한 설명은 다음과 같다.

요구 조건 추출 및 목표 가치 도출 단계에서는 제품 및 서비스의 전 주기를 사용전(Pre-), 사용(During-) 및 사용후(Post-) 단계로 구분하고, 각 하위 단계의 구체적 단계에서의 관련자를 정의하여 각 관련자의 요구 조건을 추출한다. 추출된 요구 조건은 경제적(Economical), 환경적(Ecological), 경험적(Experience) 관점의 E3 가치 체계로 분류하고 구체적 요구 조건 구현을 위한 목표 가치를 도출한다. 성균관대학교 CDI에서 개발한 E3 가치 체계는 기존의 경제적 및 환경적 가치를 다루는 E2 개념에 인간 중심의 가치에 대한 강조와 최근 IT 제품 등에서 화두가 되어온 사용자 경험(User Experience) 이슈를 반영하는 경험적 가치를 추가하여 제안하였다. E3 가치 체계를 [그림 4-3]에 나타내었다. 특히 그림에서 알 수 있듯이 경험적 가치(Experience Value)는 기능적인 부분과 대외적 사회성과 관련된 외재적 가치(Extrinsic Value)와 자기 주도적인 능동적 관점과 반응적 관점의 감성적 부분, 대내적 사회성 그리고 지속적인 지적 추구를 이끄는 부분 등의 내재적 가치(Intrinsic Value)로 구성된다.

---

8) Kim, Y.S., Maeng, J.W. and Lee, S.W., "Product-Service Systems Design with Functions and Activities: Methodological Framework and Case Studies", Int' l. Conf. on Design & Emotion, Chicago, 2010.

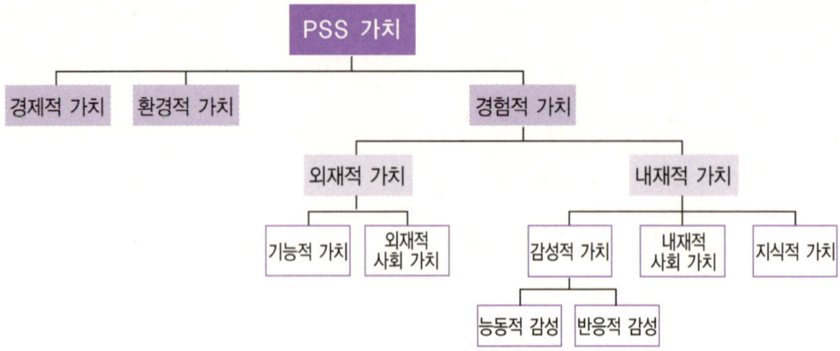

[그림 4-3] E3 가치체계[9)]

관련자 행위 디자인 단계에서는 전 단계에서 도출한 요구 조건 및 목표 가치와 연관된 관련자의 행위를 정의하고 서비스 블루프린트(Service Blueprint) 방법론을 도입하여 관련자 행위의 흐름 및 행위 간 연계를 시각화하고 분석한다. 또한 관련자의 행위는 다양한 상황에서 상이하게 구현될 수 있으므로 목적을 가지고 있는 행위(Action Verb), 행위 주체가 되는 행위자(Actor), 행위의 대상이 되는 대상물(Object), 목적을 수행하기 위한 수단으로 사용되는 도구(Tool), 행위의 변화를 가져오는 이벤트(Event), 행위의 기반이 되는 다양한 상황(Context) 그리고 사용 행위가 이루어지는 환경(Environment) 등의 행위 요소를 정의하여 구체적으로 표현한다. [그림 4-4]에 상황 기반 행위 모델을 나타내었다.

9) Cho, C.K., Kim, Y.S. and Lee, W.J., "Economical, Ecological and Experience Values for Product-Service Systems", Int' l. Conf. on Design & Emotion, Chicago, 2010.

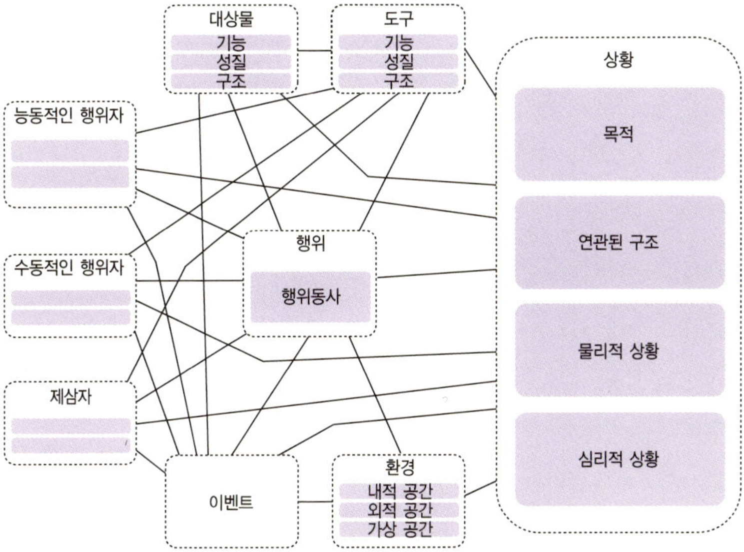

[그림 4-4] 상황 기반 행위 모델

상황 기반 행위 모델을 통해 동일한 목적을 달성하는 상이한 여러 행위가 도출될 수 있고, 여러 행위 중 적절한 선택과 행위 간 흐름 연계를 통해 새로운 다수의 PSS 시나리오를 생성할 수 있다. 이러한 PSS 시나리오 생성은 [그림 4-5]에 주어진 시나리오 생성 템플릿을 통해 효과적으로 이루어진다.

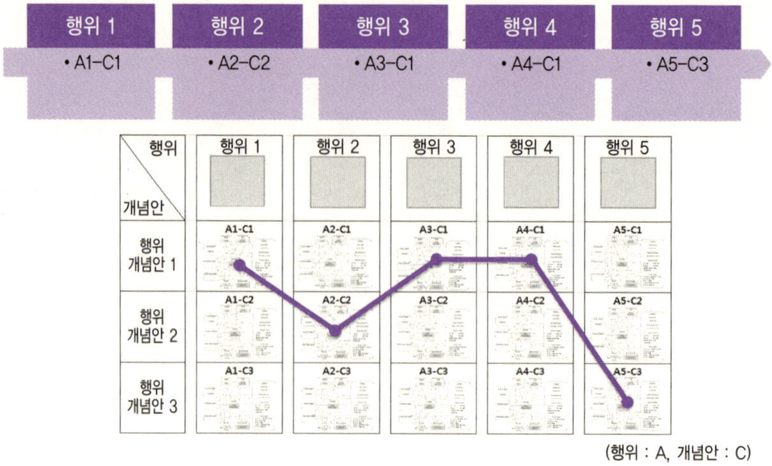

[그림 4-5] PSS 시나리오 생성 템플릿

PSS 기능 모델링 단계에서 PSS의 기능은 입력 내용을 출력 내용으로 바꾸는 기능 핵심 언어로 표현된다. 입출력 흐름 요소는 크게 물질, 에너지, 정보의 세 부류로 나눌 수 있다. 우선 시스템의 최상위 개념의 기능 표현을 만들고, 이를 점차적으로 하부 기능으로 분할하는 기능 분할(Function Decomposition)이 이루어진다. 이와 같은 기능 기반의 디자인 방법론은 독일에서 개발된 체계적 제품 디자인 방법론에서 시작되어 최근 미국 연구진에 의해 확산된 일반적 제품 디자인에 적용될 수 있는 방법론이다. 기능 기반 디자인 방법론은 기능 수행 부품을 이용한 디자인 방법론에 비해 상대적으로 더욱 창의적인 결과를 도출할 수 있다. 예로써, 모터라는 부품 대신 전기에너지를 회전 운동으로 전환한다는 기능으로 표현을 하면, 모터라는 아이디어에 대한 고정관념에서 벗어나 새로운 대안을 찾을 수 있다. PSS 디자인에서는 여기에 서비스 제공자와 수혜자의 관련자 정보를 추가적으로 연계하여 PSS 기능 모델링 과정이 진행된다. [그림 4-6]에 PSS 기능 모델링에서 이용되는, PSS 기능, 흐름 요소 및 서비스 제공자/수혜자의 효과적인 표현을 위한, 블록선도를 나타내었다.

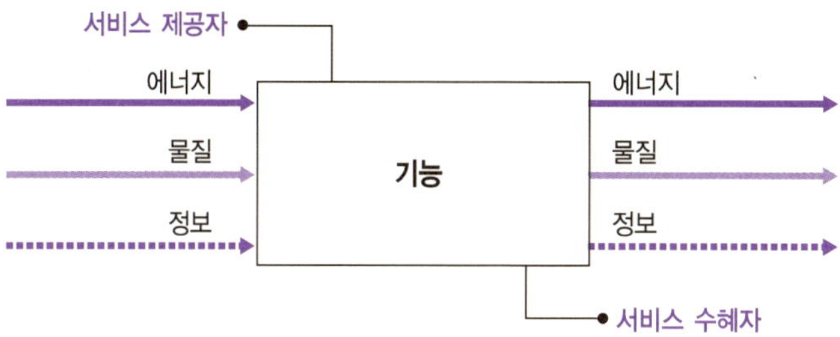

[그림 4-6] PSS 기능 블록선도

기능-행위 연계 및 PSS 개념안 생성 단계에서는 PSS의 주요 기능, 관련자, 행위 및 제품/서비스 요소가 유기적으로 연계되어야 한다. 이에 기존 서비스 블루프린트의 상호작용선(Interaction line)에 기능을 삽입하여 상호작용층(Interaction layer)으로 대체한 변형된 서비스 블루프린트(Modified Service Blueprint)가 제안되었다. 이를 [그림 4-7]에 나타내었다. 그림에 주어진 변형된 서비스 블루프린트를 통해 동일한 기능을 구현하는 과정에서 상이한 관련자 및 행위를 연계함으로써 상이한 PSS 개념안의 도출 및 비교가 가능해진다. 예를 들어, 개념안 1에서는 기능 구현에 있어서 고객(Customer)의 행위가 좀 더 많이 연관될 수 있고, 개념안 2에서는 서비스 제공자 측면의 관련자(Stakeholder)의 행위가 좀 더 많이 연관될 수 있다고 가정할 때, 변형된 서비스 블루프린트를 이용하여 도출된 두 개념안을 시각적으로 표현할 수 있다. 이로 인해 개념안의 생성 및 개념안 간 직관적인 비교가 가능하다. [그림 4-8]은 동일한 기능을 구현하는 상이한 PSS 개념안인 개념안 1과 개념안 2의 생성 및 상호 비교를 보여주는 변형된 서비스 블루프린트이다.

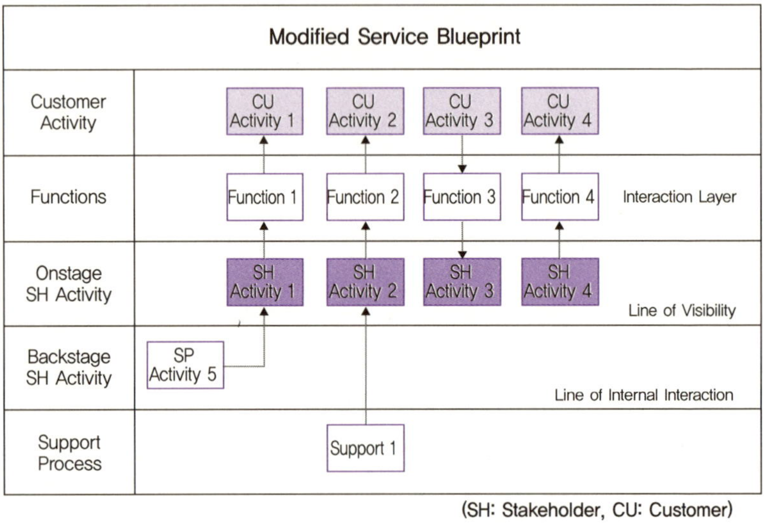

[그림 4-7] 변형된 서비스 블루프린트

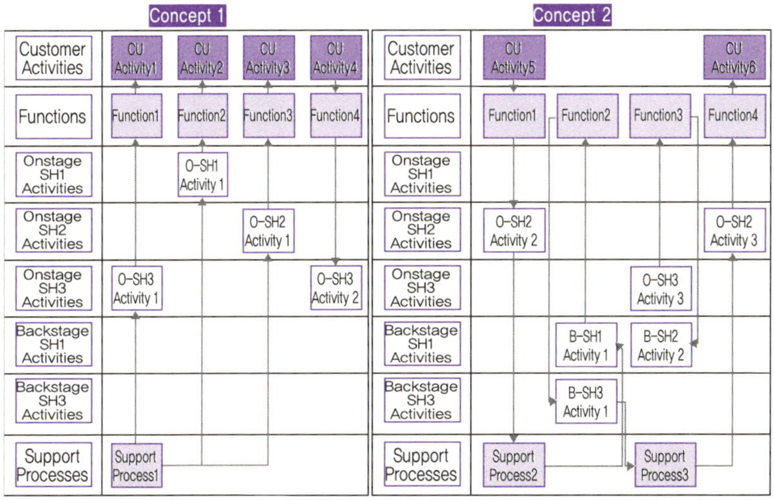

[그림 4-8] **변형된 서비스 블루프린트를 이용한 개념안 1과 개념안 2의 생성 및 비교**

PSS 개념안 구체화 단계에서는 제품/서비스 요소와 외부 관련자의 연계 및 PSS 운영 행위의 정의와 연계를 통한 운영안 도출을 통해 PSS 개념안의 구체화가 이루어진다. 또한 PSS 개념안 프로토타이핑 단계에서는 주요 기능 요구 조건 및 속성을 반영하는 물리적인 구조 제작 및 시나리오 기반 스토리텔링, 역할극 등을 통해 PSS 개념안의 프로토타이핑 및 검증이 이루어진다.

의류 TakeIN PSS 디자인 사례

성균관대학교 CDI에서 개발한 PSS 디자인 방법론의 타당성 및 적용성을 검토하기 위해 의류 재활용을 통해 기부자의 사용자 경험 가치를 증진시키는 새로운 개념의 의류 TakeIN PSS의 디자인을 수행하였다.

우리 인간에게 중요한 제품군의 하나인 각종 의류를 생각해보자. 의류의 라이프사이클 단계(Life Cycle Stage)는 (1) 새로운 의류상품의 기획, 디자인, 생산, 유통 및 판매 등의 사용 전 단계(Pre-Use Stage), (2) 착용, 세탁, 수선 등이 반복되는 사용 단계(Use Stage), (3) 의류 폐기 과정의 사용 후 단계(Post-Use Stage) 등으로 나눌 수 있다. 이러한 의류 제품의 라이프사이클 단계 중의 다양한 관련자들을 규명하고 이들의 요구 사항을 정리해가는 과정이 PSS 디자인의 첫 번째 과정인 요구 조건 추출 과정이다. 예를 들어, 현재 의류의 디자인과 생산을 주로 하는 제조업체의 경우 제품-서비스 융합의 새로운 비즈니스 모델이 판매 라이프사이클 단계에서 창출될 수도 있고, 소비자의 가치 혁신이 의류의 사용 및 폐기 라이프 사이클 단계의 재조명을 통해서 얻어질 수도 있다. 지금까지 우리 산업사회는 새로운 제품을 만들어 판매하는 라이프 사이클 단계에 많은 투자를 해왔고, 이를 통해서 일자리가 만들어졌다. 그러나 앞으로 수백 년 동안은 일단 사용된 제품의 지속적인 재사용 단계와 재활용 단계를 위한 기술 개발과 이를 통한 새로운 비즈니스 및 일자리 창출이 절실하게 될 것이다.

큰아들이 입던 멋진 점퍼를 둘째 아들이 물려입다가 조카에게 물려주었고, 이 조카는 최근 키가 부쩍 커지자 그 점퍼를 동네에 있는 수거함에 기부하여 누군지는 모르지만 그 점퍼가 잘 맞는 어린 친구에게 제공된 이야기를 생각해보자.

현재 우리 동네 어딘가 구석진 곳에 있는 의류수거함을 이용하는 의류 기부 행위와 이렇게 수거된 의류의 처리 과정에서 진행되는 관련자들의 행위를 생각해본다. 예로, 비가 오는 저녁에 기부할 의류를 들고 동네 뒤쪽 후미진 곳에 있는 수거함을 즐겁게 찾아가는 소비자가 있을까? 그리고 이러한 수거함에 던져져 있던 의류를 수거하여 쓸 만한 옷을 골라내는 행위는 어떠한가? 의류의 상태가 깨끗하고, 훼손되지 않은 상태이어야 새로운 사용자에게 전달되어 새로운 사용 단계를 맞을 수 있다. 그러기 위해서는 이를 가능하게 하는 행위를 누군가가 수행하여야 한다. [그림 4-9]는 현재의 의류수거함과 연관된 상황 및 관련자들의 행위를 보여주고 있다.

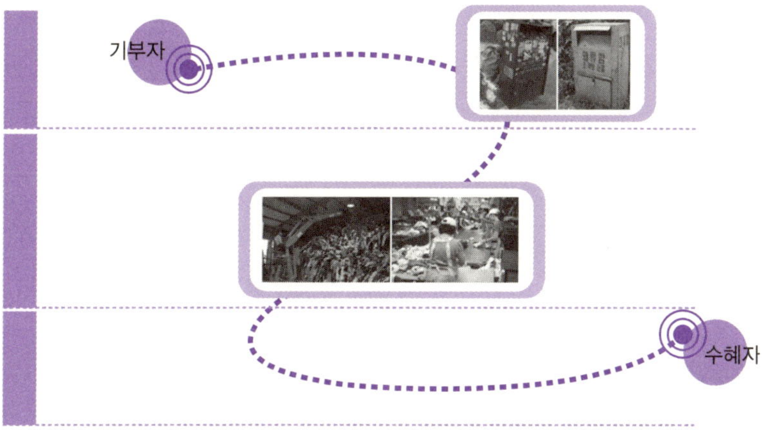

[그림 4-9] **현재 의류수거함의 상황 및 관련자 행위**

현재의 쓰레기통으로 오인될 수 있는 의류수거함에 접근하여 느껴지는 반응적 감성(Reactive Emotion)은 더 많은 사람이 의류수거함을 찾도록 하는 데 부정적인 영향을 준다. 따라서 이를 개선한 새로운 PSS를 개발하여야 한다. 그렇게 함으로써 우리 아이가 예쁘게 입다가 작아진 옷을 우리 아이만큼이나 귀여운 어떤 아이가 입게 될 모습을 상상하며 유아복을 기부하는 젊은 엄마는 뿌듯한 능동적 감성(Active Emotion)을 경험하게 된다. 또한 새로운 PSS를 통해 옷을 기부하는 좋은 일을 많이 한 주부에게 자신의 기부 성적을 기록하여 알려준다면 이는 외재적 사회 가치(Extrinsic Social Value)를 제공하게 된다. 결국 목표 가치 도출 과정에서는 현재의 의류수거함에서 제공되지 못하는 가치들을 찾아내고, 이 가치를 긍정적으로 제공하는 전략을 만들어내는 과정을 수행하게 된다.

이에 따라 의류 기부 행위의 물리적 상황과 관련하여, 수거의 요구 조건인 기부자의 접근성, 수거자 및 이동차량의 접근성 등을 만족하는 대안으로 [그림 4-10]에 나타낸 것처럼 현재 아파트 등의 후미진 공간에 위치하고 있는 의류수거함을 동네의 동사무소 내부 또는 편의점 내부로 상황을 바꾸었다. 즉, 기부자 및 수거자의 경험적 가치를 증진시키는 관점에서의 위치 상황(Location context)을 변화시킨 것이다.

[그림 4-10] 의류 TakeIN PSS 구현을 위한 위치 상황의 변화

이는 관련자 행위의 상황 요소와 경험적 가치의 연계로 가능해진다. 편의점 안으로 수거함의 위치 변경, 즉 물리적 상황이 바뀌면 기부자의 다양한 새로운 행위가 가능하게 된다. 수거함의 위치에서 주는 물리적 관점 시각의 변화를 이용하여, 전혀 새로운 기부자의 행위 경험 및 행태(Behavior)를 창출할 수 있다. 즉, 아들이 입던 옷을 조카에게 선물하는 듯한 경험과 태도를 창출할 수 있게 되는 것이다. 이와 같은 기부자의 새로운 행위와 경험 그리고 그로부터 얻어지는 많은 경험자 가치가 더욱 극대화되면, 선물을 포장하듯 기부된 의류의 수거 및 수거 후 관리 과정 전반에 필요한 포장의 기능을 기부자의 행위로 창출할 수 있어, 포장 서비스 기부 행위가 디자인된 PSS 개념이 가능해진다.

PSS 디자인의 핵심은 이러한 목표 가치를 제공하는 다양한 관련자의 행위 디자인이다. 새로운 행위의 디자인은 다양한 행위의 순차적 연계로 구성되는 시나리오의 생성을 통하여 시작된다. 이러한 행위 디자인 과정을 체계적으로 진행하기 위하여 성균관대학교 CDI에서 개발한 상황에 기반한 행위 표현 체계를 이용하였다. 즉, 다시 설명하면 행위는 능동적 동사를 중심으로 이의 대상이 되는 제품, 서비스 또는 PSS 그리고 이 행위에 이용되는 도구가 되는 PSS 등으로 구체 표현되고, 또한 행위의 능동적, 피동적 행위자와 제3의 관련자 등이 규정된다. 그리고 (1) 목적, (2) 관련 PSS, (3) 물리적 상황, (4) 심리적 상황으로 규정된 상황 정보가 행위를 구체적으로 묘사한다. 예를 들어, 기부할 목적으로 의류수거함으로 접근하는 행위의 경우, 비가 오는 물리적 상황과 한적한 골목에 수거함이 놓여진 물리적 상황, 혼자 걸어가는 것을 싫어하는 심리적 상황의 주부를 생각해보자. 이런 상황에서의 의류 기부 행위가 주는 경험적 가치는 긍정적이지 못할 것이다. 이런 경우 상황의 각 요소를 다른 것으로 대체하여 보다 긍정적인 행위 경험을 만들어낼 수 있다.

각 관련자의 행위는 서로 연계성을 갖고 있다. 이러한 연계의 표현을 위해 서비스 블루프린트를 이용하여 현재의 의류수거함 서비스 수혜자 및 서비스 제공자의 각 행위와 행위 간 연결 관계를 표현하였다. 이는 추후 성균관대학교 CDI에서 개발한 변형된 서비스 블루프린트에서 기능과 연계된다.

PSS 기능 모델링 과정에서 의류 수거라는 기능의 경우, 기부자의 가정에 있던 이미 사용된 의류를 어떤 방법에 의해 수혜자에게 사용 가능한 상태로 전달하는 전반의 구체적인 기능으로 모델링된다. 이를 가능하게 하려면, 의류수거 시스템은 적절한 자격을 갖고 있는 수거자가 수거함에 모아진 의류를 해당 보관 공간으로 이동시키는 기능을 제공하여야 한다. 이런 방법을 통해, 현재 동네 골목에 있는 의류수거함을 기반으로 의류수거 전반의 기능은 약 20여 개의 하위 기능으로 모델링된다. 그리고 이들의 각 하위 기능을 수행하는 제품 요소와 서비스 요소들을 연계할 수 있다. 또한 이들 하위 기능에 연계된 관련자의 정보를 통해 변형된 서비스 블루프린트상의 행위와 연계를 하게 된다. 이 과정이 기능-행위 연계 및 PSS 개념안 생성 과정이다.

새로운 의류 TakeIN PSS 개념안을 생성하기 위하여 기본적 기능과 행위가 규명된 상태에서, 목표 가치로 도출된 가치 요소를 공략하기 위한 새로운 기능 또는 행위가 디자인된다. 이들 기능은 목표 가치를 제공하는 상태를 이끌어내는 기능이다. 예를 들어, 기부되는 옷에 관련된 치수 및 소재 정보를 기부된 의류에 연계하는 기능이 추가되면 의류 수혜자의 수요에 잘 맞는 기부 의류를 제공하여 수혜자에게 기부 의류의 효용성이라는 기능적 경험 가치와 기부된 옷에 대한 만족이라는 반응적 감성 가치를 증진시켜줄 수 있다. 이런 방법으로 기능이 추가되어 의류 TakeIN PSS의 기능은 약 50여 개의 수준으로 늘어난다. 현재 동네 주변에서 보는 의류수거함에 기반한 PSS의 변형된 서비스 블루프린트는 [그림 4-11]에서 보는 바와 같이 26개의 기능과 40여 개의 관련자 행위를 포함하고 있다.

현재의 의류수거함 중심 PSS는 수거 후 이동 과정을 위하여 적절한 포장 기능이 추가되고, 기부되는 의류의 사용 가능 상태를 확보하기 위한 세탁 및 수선이 추가되는 의류 TakeIN PSS로 발전하게 된다. 이 경우 [그림 4-12]에 있는 발전된 PSS 개념의 변형된 서비스 블루프린트에서 보듯 세탁과 수선에 관련된 행위는 기부업체와 세탁/수선업체의 행위가 된다. 또한 수혜자에게 의류를 전달하기 위한 포장의 기능은 기부업체의 행위로 디자인된다.

이어서 의류 기부 행위의 물리적 상황과 관련하여, 동네 후미진 위치에서 수거의 관련 요구 조건인 기부자의 접근성, 수거자 및 이동차량의 접근성 등을 만족하는 대안으로 동네의 동사무소 내부 또는 편의점 내부로 상황을 바꾸어 기부자 및 수거자의 경험적 가치를 증진시키는 PSS 개념이 생성되었다. 이는 관련자 행위의 상황 요소와 경험적 가치의 연계로 가능해진 것이다. 편의점 안으로 수거함의 위치, 즉 상황이 바뀌면 기부자의 다양한 새로운 행위를 가능하게 한다. 수거함의 위치에서 주는 위생 관점 시각의 변화를 이용하여, 전혀 새로운 기부자의 행위 경험 및 행태를 창출할 수 있다. 아들이 입던 옷을 조카에게 선물하는 듯한 경험과 태도를 창출할 수 있게 되는 것이다. 그러면 [그림 4-13]에서 보듯 세탁과 수선의 기능을 담당하는 관련자가 앞선 PSS 개

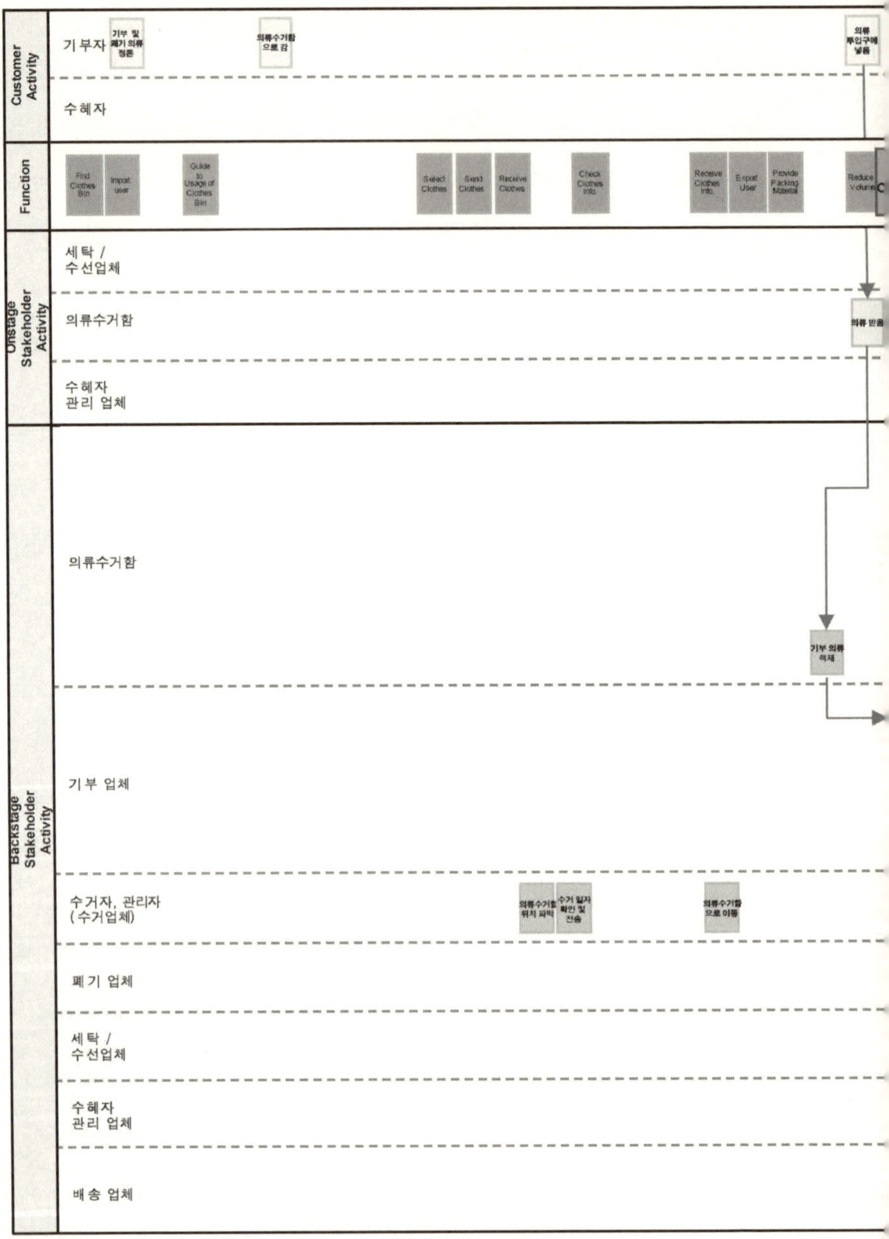

[그림 4-11] 현재 의류수거함 중심 PSS의 변형된 서비스 블루프린트

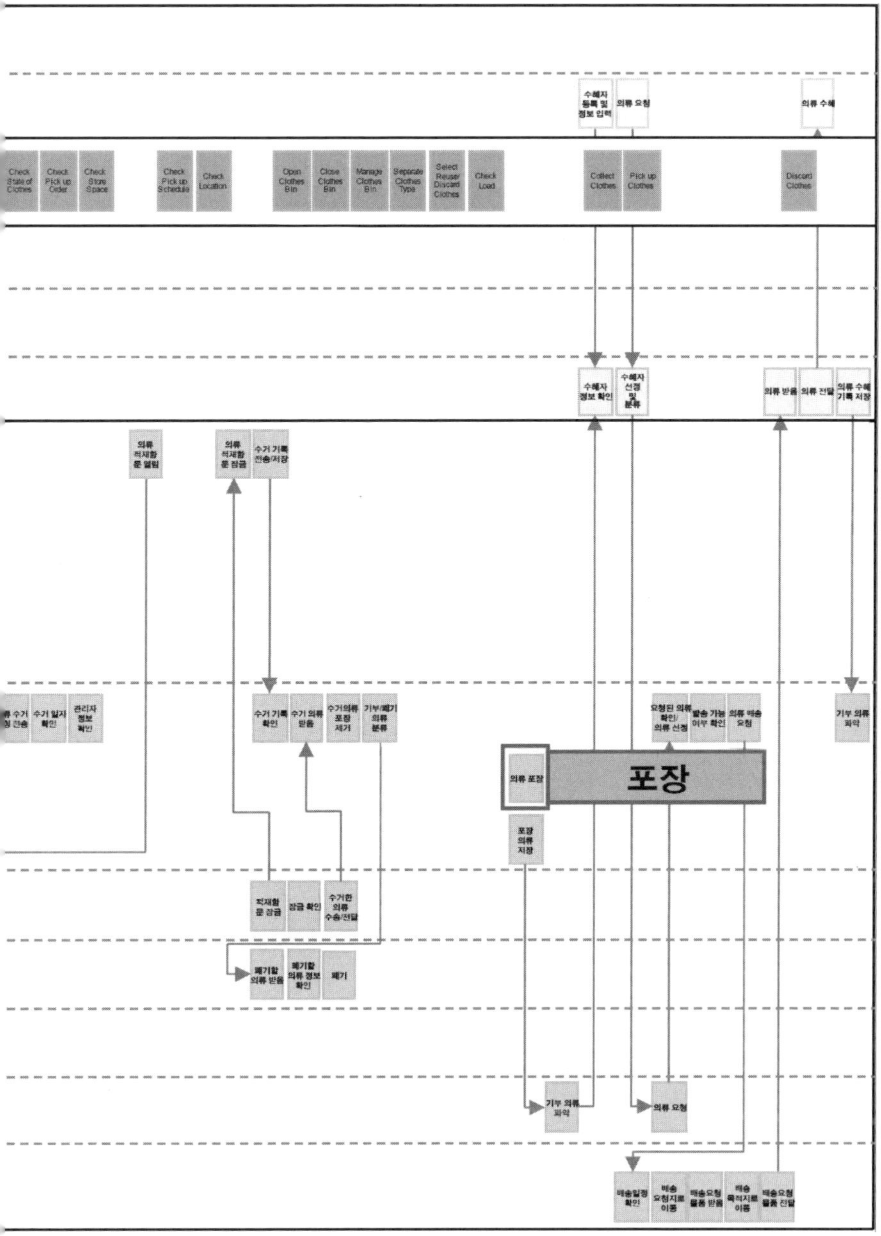

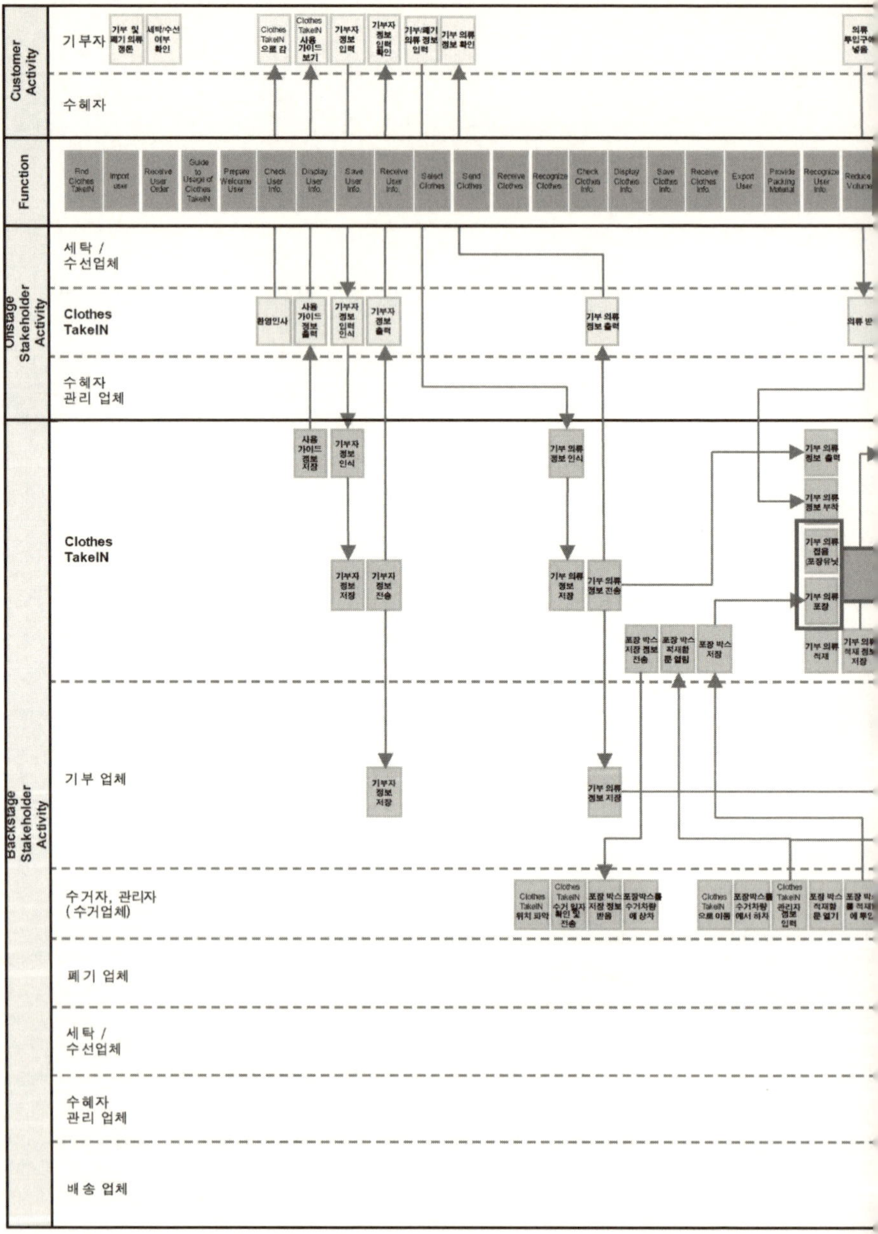

[그림 4-12] 수거업체 주도의 세탁/수선 행위를 포함하는 PSS 개념안의 변형된 서비스 블루프

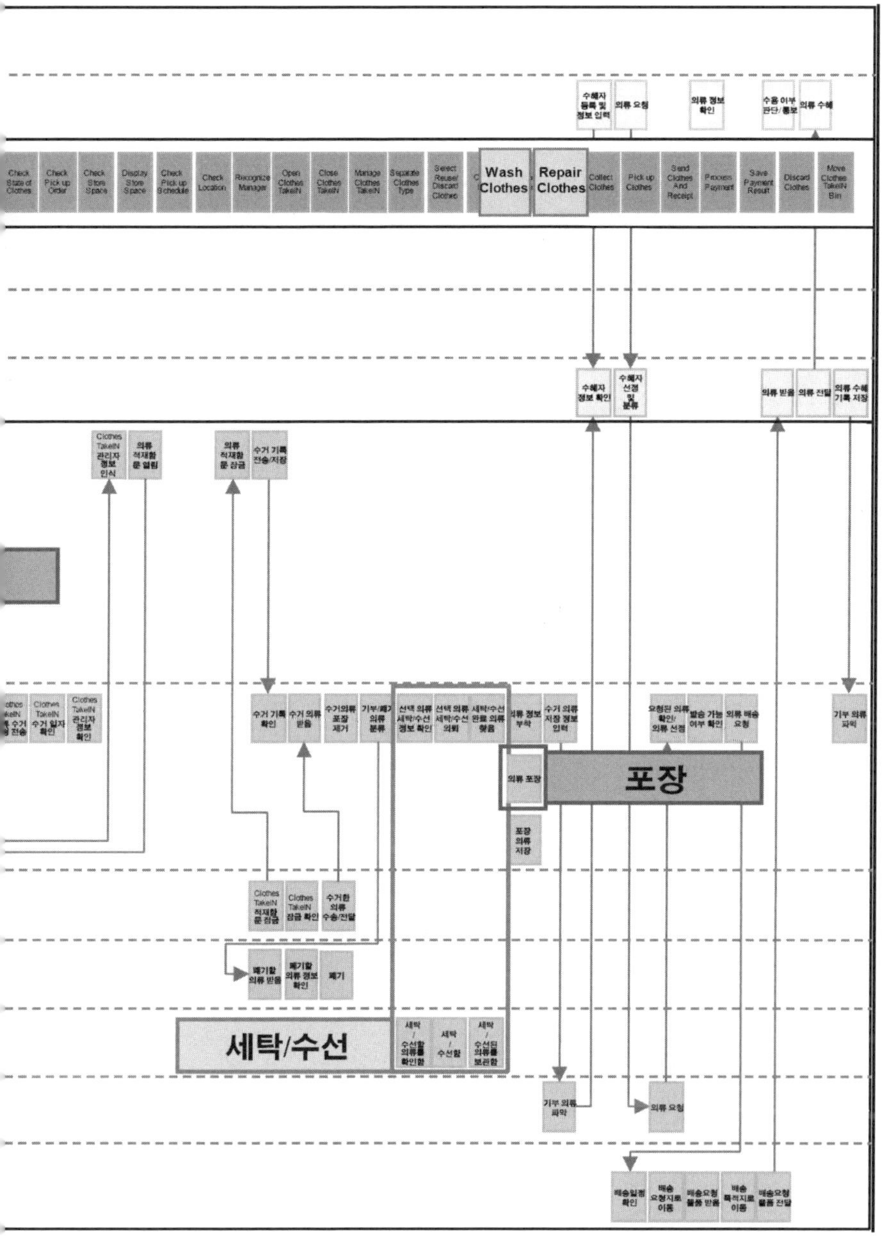

수혜자 등록 및 정보 입력
의류 요청
의류 정보 확인
수용 여부 판단/통보
의류 수혜
Check State of Clothes
Check Pick up Order
Check Store Space
Display Store Space
Check Pick up Schedule
Check Location
Recognize Manager
Open Clothes TakeIN
Close Clothes TakeIN
Manage Clothes TakeIN
Separate Clothes Type
Select Reuse/ Discard Clothes
Wash Clothes
Repair Clothes
Collect Clothes
Pick up Clothes
Send Clothes And Receipt
Process Payment
Save Payment Result
Discard Clothes
Move Clothes TakeIN Bin
수혜자 정보 확인
의류 받음
의류 전달
의류 수혜 기록 저장
포장
세탁/수선

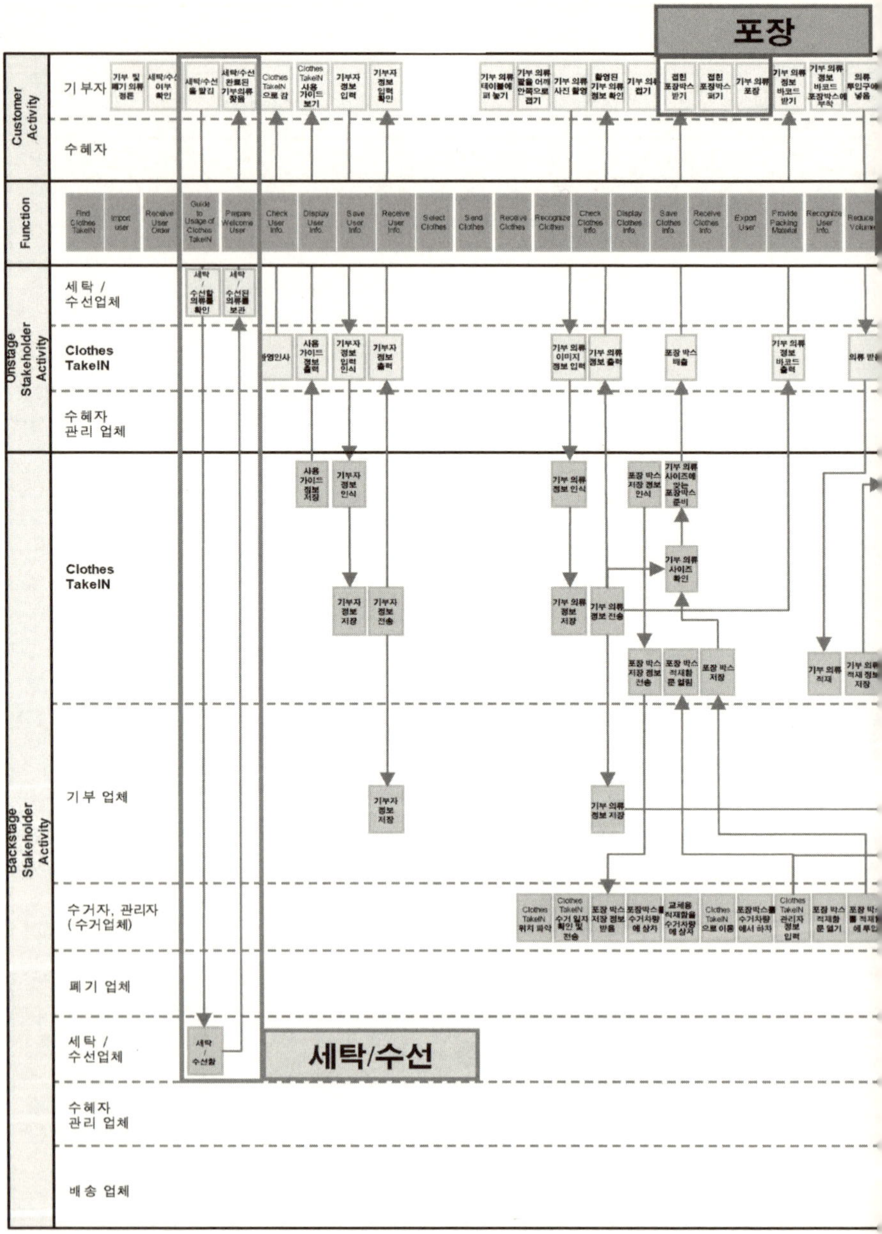

[그림 4-13] 세탁/수선 기부자 행위와 태도의 혁신 PSS 개념안의 변형된 서비스 블루프린트

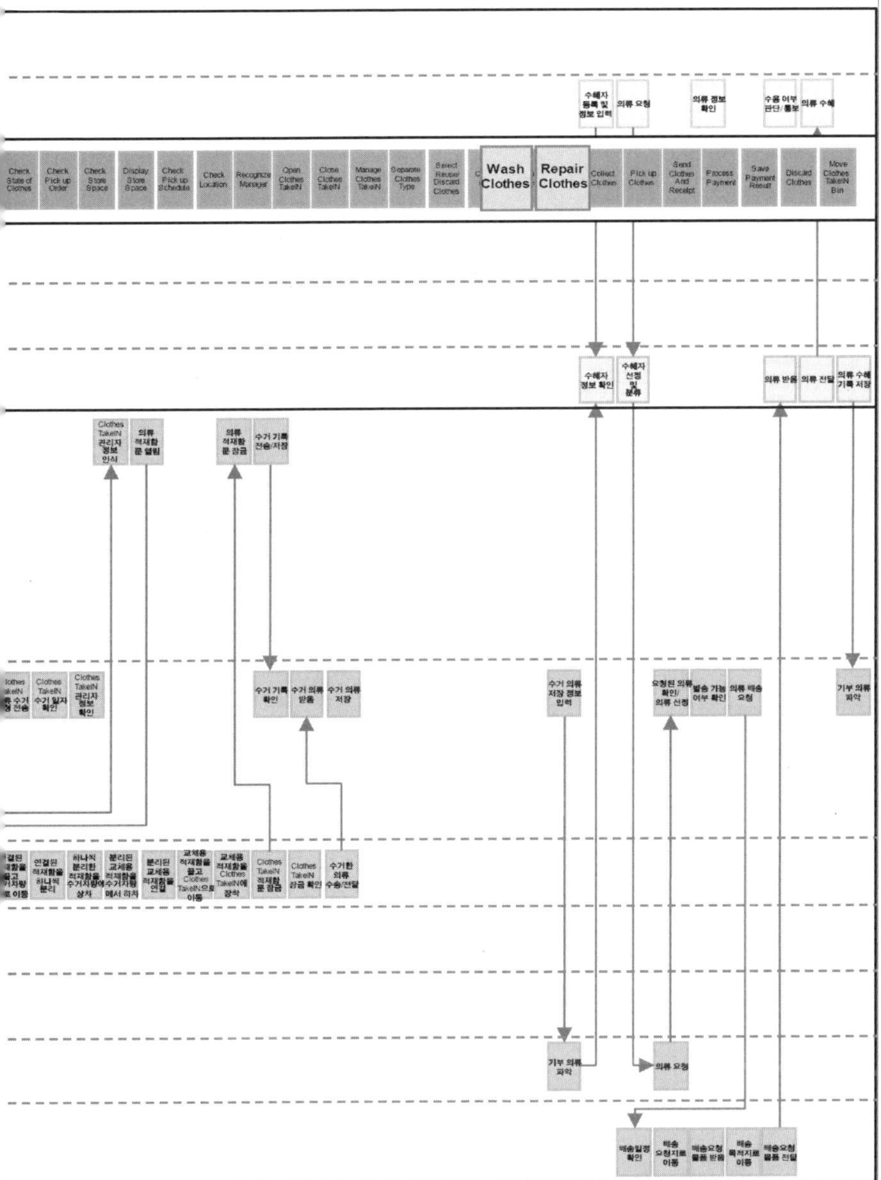
Wash Clothes
Repair Clothes

념의 기부업체, 세탁/수선 업체에서 기부자로 바뀌는 디자인 변경이 가능해진다.

의류 기부자의 포장 서비스 기부 행위를 디자인하여 추가한 의류 TakeIN PSS는 이러한 행위가 소비자로부터 자연스럽게 유발되고, 능동적인 감성 경험 가치가 증진되도록 의류 TakeIN PSS Station의 제품 요소가 디자인되어야 한다. [그림 4-14]는 의류 TakeIN PSS Station의 제품 요소와 관련자 행위에 관한 스케치이다.

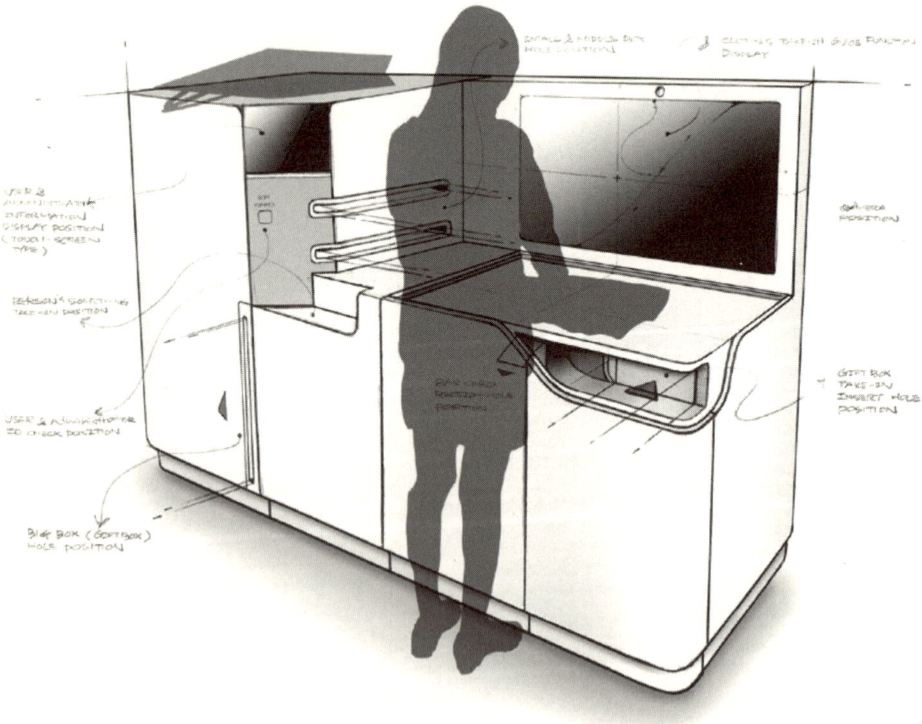

[그림 4-14] 의류 TakeIN PSS Station과 기부자 행위 스케치

우선 포장에 앞서 기부 의류의 정보 입력 행위가 진행된다. 좌측상단의 소형 화면을 통하여 의류 기부자의 정보 및 기부 의류의 정보가 입력된다. 이어서 대형화면을 통해 가이드가 제시된다.

이를 바탕으로 의류 기부자는 TakeIN Station의 테이블 위에 기부 의류를 펼쳐놓는다. 이때에 전면 대형 화면 위에 부착된 카메라에 의해 기부 의류의 사진이 촬영된다. 촬영 시 의류의 기본 크기 정보 체계를 구성하는 어깨넓이와 길이가 기록된다. 입력 정보 및 크기 정보를 바탕으로 전면의 대형 화면에 해당 의류에 적절한 포장 방법 가이드가 제시되고, 이에 따라 의류 기부자는 기부 의류를 접는다. 이어서 기부 의류에 적절한 포장박스가 좌측상단의 박스 배출 장치를 통해 제공된다. 접힌 상태의 박스는 기부자의 '원터치' 행위로 박스 모양으로 변환되고, 여기에 접혀진 의류를 넣어 포장한다.

이어 대형 화면의 가이드에 따라 기부자는 의류 정보가 기록된 바코드 스티커 용지를 출력한다. 의류 기부자는 박스의 표시된 위치에 바코드 스티커 용지를 부착한다. 바코드 스티커 용지가 제공될 때 기부자에게 수혜자에게 전하고자 하는 사랑의 메시지를 담을 수도 있는 별도의 스티커도 제공된다. 또한 기부자의 기부 포인트 등이 기록된 기부자 보관용 기부 기록지도 제공된다. 바코드 스티커가 부착된 박스는 기부자에 의해 적재함 오른쪽에 있는 투입구를 통해 적재된다. 투입 시, 부착된 바코드를 인식하여 투입구가 자동으로 열리는 장치를 통하여 모든 투입되고 적재된 박스의 바코드가 특정한 방향에서 인식 가능하도록 한다. 이와 같은 기능은 기부 의류 보관과 관리 행위가 박스의 방향 변화 없이 원활히 수행되도록 하는 수거 의류 관리자의 편의성을 제공한다.

의류 TakeIN Station은 이외에도 다양한 행위를 자연스럽게 유발하는 행위 유발의 특징 형상이 디자인되어 있다. 예를 들면, 왼쪽의 박스 배출 장치의 상판은 기부 의류를 담아온 쇼핑백 등 기부자의 소지품을 올려놓는 행위를 유발할 수 있도록 높이와 형상이 디자인되어 있다. 소형 화면의 아래쪽, 테이블의 왼쪽에는 휴대폰, 음료수 등 기부자의 간단한 소지품을 잠시 놓는 행위를 유발하는 오픈형 포켓이 있다. 이 오픈형 포켓의 크기 및 위치는 박스 배출 시 소지품과 박스와의 충돌이 발생하지 않도록 디자인되어 있다. 물론, 음료수 등이 쏟아진다 하더라도 기부 의류에 묻지 않도록 테이블의 높이보다 낮게 위치하는 행위 유발성 특징 형상을 갖고 있다. 접혀진 상태의 박스를 꺼낼 때, 기부자의 위치에서 손목을 꺾지 않고 자연스럽게 박스를 꺼낼 수 있도록 그림에서 보는 바와 같은 삼각형 부분이 외부로 튀어나오도록 하는 행위 유발성 특징 형상도 갖고 있다.

[그림 4-15]는 [그림 4-13]에 주어진 의류 TakeIN PSS 개념안과 [그림 4-14]에 주어진 의류 TakeIN Station을 포함하여 전반적인 관련자 및 관련자들의 행위, 행위 간 흐름을 도식적으로 나타낸 것이다. [그림 4-15]와 [그림 4-9]를 비교해보면 현재 의류 수거함 중심 PSS와 새로 개발된 의류 TakeIN PSS와의 차이를 확인할 수 있고, 어떤 부분에서 개선이 이루어졌는지 분석이 가능하다.

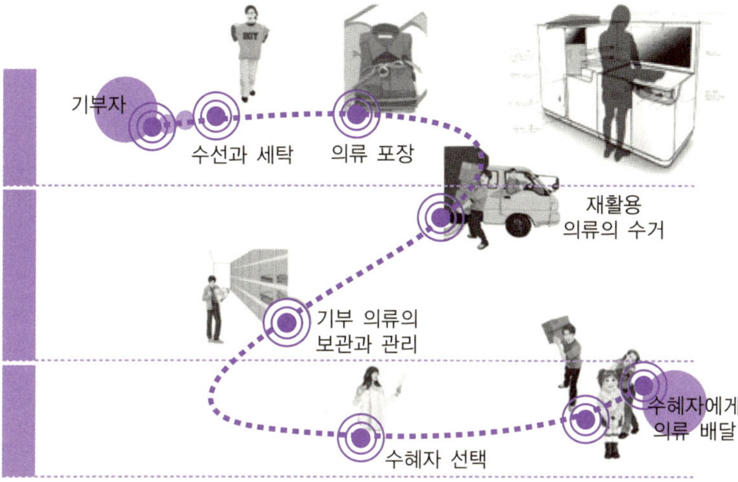

[그림 4-15] 의류 TakeIN PSS의 전반적인 관련자 및 관련자 행위

지금까지 제품과 서비스를 융합하여 소비자/사용자에게 새롭고 발전된 경험 가치를 제공하는 성균관대학교 CDI에서 개발된 제품-서비스 통합시스템 디자인 방법론을 소개하였다. 그리고 이 방법론으로 개발된 의류 TakeIN PSS의 사례를 설명하였다. TakeIN이란 사용 단계 이후의 제품을 폐기하지 않고 지속적인 재사용 단계로 다시 돌아온다(Take back in)는 의미의 재사용/재활용 PSS의 별명이다. 성균관대학교 CDI에서는 이외에도 다양한 TakeIN PSS를 개발 중이다.

소개된 PSS Design 방법론 개발은 현재 진행 중이며 이를 지원하는 소프트웨어 도구들이 개발되고 있다. 이 PSS Design 방법론과 지원도구를 많은 제조기업과 서비스기업이 사용할 수 있는 시점이 빨리 와서 국민의 삶의 가치가 더욱 증진되고 산업 경쟁력을 키웠으면 하는 바람이다.

Chapter 5

서비스화
– 개념, 방법론, 사례

SERVICE SCIENCE

임호순(고려대학교 교수)

서울대학교 경영대학에서 학사, 석사를 마치고 University of California Los Angeles에서 박사학위를 받았다. 한양대학교 경영대학 교수를 역임하였고, 2002년부터 고려대학교 경영대학 교수로 재직 중이다. 경영과학회, 생산성학회 편집위원으로 활동하고 있고, 서비스사이언스 전국포럼 제조업서비스위원회 위원장을 맡고 있다. 공저로 《오퍼레이션스 경영》이 있다.

박광태(고려대학교 교수)

서울대학교 공과대학 산업공학과를 졸업하고 동 대학원에서 석사학위를, 미국 버클리 대학교에서 산업공학/경영과학 박사학위를 받았다. 현재 고려대학교 경영대학 물류, 서비스 분야 교수로 재직 중이다. 한국생산성학회 회장을 역임하였으며, 현재 서비스사이언스학회 부회장, 한국서비스경영학회 부회장, 한국기업경영학회 부회장을 맡고 있다.

양인석(현대기아차)

성균관대학교 공과대학 화학공학과를 졸업하고 미국 University of Washington에서 MBA 과정 및 KAIST 최고위 과정을 수료했다. 현재 현대기아차 Car&Life 사업부장으로 재직 중이다. SK OKCashbag 사업팀장 및 공정거래위원회 소비자분과 자문위원을 역임하였으며, 현재 차량-IT융합협회장, 지식경제부 기술위원, 서비스사이언스 전국포럼 제조업서비스위원회 간사를 맡고 있다.

서비스화의 필요성

우리나라 경제의 서비스화와 관련하여 최민 등과 류지희 등은 카마카(Karmarkar)와 압테(Apte)의 분류에 따라 전체 산업을 정보(information)와 비정보(non-information or material) 그리고 제품(product)과 서비스(service)에 의한 사분면(M-P, I-P, M-S, I-S)으로 나누어 GDP 변화를 [그림 5-1]과 같이 제시하였다.[1] M-P 부분은 전통적인 제조업의 분야에 속하며, I-P 부분은 정보기술을 활용한 제조업군을 의미한다. M-S 부분은 전통적인 서비스 산업이며, I-S 부분은 정보기술을 활용한 서비스 산업군

---

1) Choi, M., Rhim, H. and Park, K., "New Business Models in Service and Information Economies: GDP and Case Studies in Korea"(Karmarkar, U. and Mangal, V., ed.), in The UCLA Anderson Business and Information Technologies(BIT) Project, World Scientific, New Jersey, 2010, pp.271-298
류지희 · 임호순 · 박광태 · 김홍일, "기업 생태계 관점에서 고찰한 제조업의 서비스화 이론 및 사례연구", 한국생산관리학회지, 20(4), 2009, pp.151-181
Karmarkar, U.S. and Apte, U., "Operations Management in the Information Economy: Information Products, Processes, and Chains," Journal of Operationa Management 25, 2006, pp.438-453

을 뜻한다. 제시된 결과를 살펴보면, 전체 GDP에서 서비스가 차지하는 비중은 1990년 59%에서 2005년 68%로 증가한 반면, 전통적인 제조업인 M-P 부분은 29%에서 20%로 지속적으로 감소하고 있음을 알 수 있다.

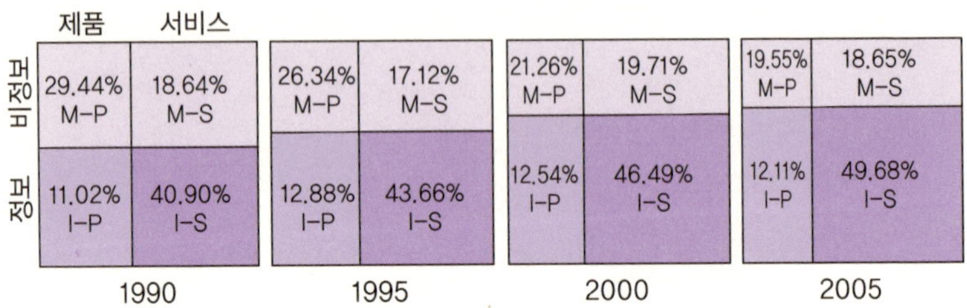

[그림 5-1] 카마카와 압테의 분류에 의한 한국 GDP 분석

제조업 분야의 치열한 생산성 경쟁을 고려해볼 때, M-P 분야에 속해 있는 업체는 생산성을 향상시켜 치열한 경쟁환경에서 생존하든지, 아니면 서비스나 정보 역량을 추가 적용하여 새로운 사업이나 제품을 개발할 필요가 있다. 물론, 서비스나 정보 역량의 향상은 상호 배반적이 아니라 상호 보완적으로 이루어질 수 있다. 이 장에서는 제조기업이 서비스기업화되거나 제조제품에 서비스가 통합되는 현상, 즉 서비스화에 대하여 초점을 맞춘다. 이를 위하여 먼저 서비스화의 정의를 살펴보고, 이와 관련한 개념적 도구들을 고찰한 후에, 이 도구들을 활용하여 사례를 분석해보고자 한다.

서비스화의 개념

서비스화(servitization)라는 용어는 1988년 반더머위(Vandermerwe)와 라다(Rada)의 연구에서 처음 사용된 것으로 보는 것이 일반적인 견해이다(Neely, Ren과 Gregory).[2] 이 논문에서는 제품, 서비스, 지원, 지식, 셀프서비스를 하나의 묶음으로 제공하는 것을 서비스화라 정의하였다. 로빈슨(Robinson) 등의 연구에서는 과거 제품 판매의 부가 요소로 제공되었던 서비스가 제품과 완전히 통합(integration)되어 서로 분리할 수 없는 단계로 진화되는 것을 서비스화라고 하였다.[3] 서비스화에 대한 정의는

2) Vandermerwe, S. and Rada, J., "Servitization of Business: Adding Value by Adding Services", European Management Journal, Vol.6, No.4, 1988, pp.314-324
Neely, A., "The Servitization of Manufacturing: An Analysis of Global Trends", in the 14th European Operations Management Association Conference, Ankara, Turkey, 2007.
Ren, G. and Gregory, M., "Servitization in Manufacturing Companies: A Conceptualization, Critical Review, and Research Agenda", in the 16th Annual Frontiers in Service Conference, San Francisco, California, USA, 2007.

3) Robinson, T. Clarke–Hill, C.M. and Clarkson, R., "Differentiation through Service: A Perspective from the Commodity Chemical Sector", The Service Industries Journal, Vol.22, No.3, 2002, pp.149-166

이후의 연구에서도 다양하게 찾아볼 수 있는데, 류지희 등에서 정리한 몇 가지 개념을 소개하면 다음의 표와 같다.

〈표 5-1〉 서비스화의 다양한 개념

연구자	내용
반더머위와 라다	제품, 서비스, 지원, 지식, 셀프서비스를 하나의 묶음으로 제공하는 것
로빈슨 등	서비스와 제품이 완전히 통합되어 서로 분리할 수 없는 단계로 진화되는 것
렌과 그레고리	고객을 만족시키고, 경쟁우위를 획득하고, 기업 성과를 개선하기 위하여 제조기업이 서비스 지향적이 되거나 더 나은 서비스를 개발하는 전략적 변화
라이트풋[4)]	제품 판매에서 제품-서비스 통합 시스템 판매로 전향함으로써 더 나은 상호 가치를 만들어내기 위한 조직의 역량과 프로세스의 혁신

서비스화에 대한 여러 가지 개념을 주의 깊게 살펴보면, 서비스화는 두 가지 다른 수준의 개념을 내포하고 있다. 제품 수준에서의 서비스화(product servitization)와 기업 차원에서의 서비스화(enterprise servitization)가 그것이다. 따라서 두 개념을 구분하여 정의해보면 제품서비스화란 제품과 서비스가 통합되는 현상을 의미하며, 기업서비스화란 제조기업이 서비스기업으로 변신하는 현상이라고 볼 수 있다. 예를 들어 애플사의 아이팟(iPod)은 아이튠스(iTunes)라는 서비스와 통합되어 새로운 제품이 탄생하였으므로 제품서비스화에 가까운 반면, IBM과 같은 회사는

4) Lightfoot, H., "Real Life Challenges-Service Innovation in Manufacturing", in Fraunhofer ISI Workshop, Karlsruhe, 2008.

과거 컴퓨터 제조업체에서 비즈니스 컨설팅업으로 회사가 변신했다는 점에서 기업서비스화라고 정리해볼 수 있다. 제품 수준의 정의에서 제품과 서비스가 통합된다고 하는 것은 제품과 서비스가 단지 묶음(bundle)으로 제공되는 것과는 질적으로 다른 차원의 현상이라고 보아야 하며([그림 5-2]), 이를 이해하기 위해서는 서비스화의 여러 개념적 모형을 살펴보는 것이 필요하다.

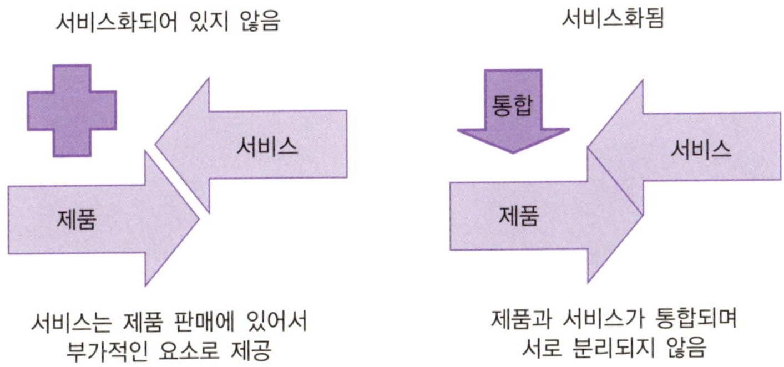

[그림 5-2] 로빈슨 등이 제시한 서비스화의 개념

서비스화의 개념적 모형

단계별 모형

서비스화를 이해하기 위한 개념적 도구들을 살펴보면, 우선 서비스화의 진화 단계를 제시한 연구들이 존재한다. 반더머위와 라다는 서비스화의 진화 과정을 3단계로 설명하였다([그림 5-3]). 첫 단계는 기업이 단순히 제품 또는 서비스를 제공하는 비즈니스를 수행하는 단계이고, 그 다음은 제품과 서비스를 결합하여 복합적으로 제공하는 단계이다. 마지막으로는 제품과 서비스뿐만 아니라 교육과 원격지원 시스템을 포함한 모든 지원 활동, 고객의 문제를 해결하는 노하우와 같은 지식, 고객의 셀프서비스를 하나의 패키지로 제공하는 단계이다. 이 연구는 서비스화를 범주(scope)의 확장 개념으로 이해하였다는 점에서 의의를 찾을 수 있고, 지식(knowledge)이라는 변수를 하나의 독립적인 요인으로 고려하였다는 점 또한 주목할 만하다.

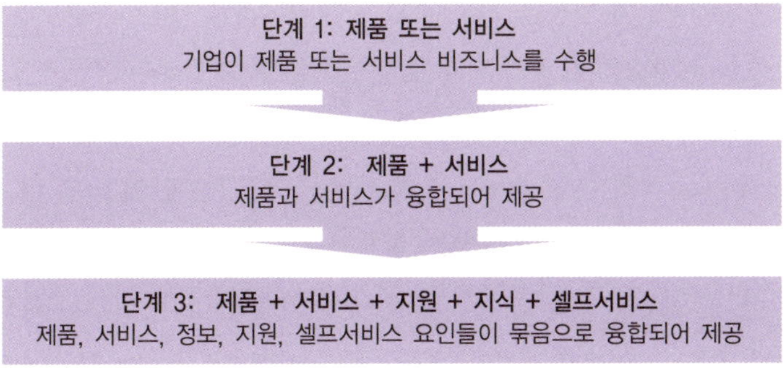

[그림 5-3] 반더머위와 라다의 서비스화 3단계

반더머위와 라다의 연구가 서비스화를 범주의 확장이라는 관점에서 고찰하였다면, 올리바(Oliva)와 칼렌버그(Kallenberg)의 연구에서는 제조업체가 서비스화되어 가는 질적 변화 단계를 제시하고 있다.[5)]

초기 단계인 제품관련 서비스 통합은 서비스 부문을 하나로 통합하고 서비스 전달의 효율성 및 효과성을 개선하는 단계이다. 다음으로 제품기반 서비스 시장은 고가의 장비나 내구재가 판매된 경우 장비나 제품이 요구하는 서비스를 제품 수명기간 동안 지속적으로 서비스를 제공하는 시장으로, 이러한 시장으로 진출하는 단계이다. 일단 서비스 제공이 회사의 핵심 기능이 되기 시작하면 고객과의 일상적 거래(transaction) 중심에서 관계 중심의 서비스로 전환이 이루어지게 되며, 가격 책정에 있어서도 단일 거래에 기초한 가격보다는 거래 기간 동안의 고정가격 제도 등이 도입되기 시작한다.

---

5) Oliva, R. and Kalleberg, R., "Managing the Transition from Products to Services", International Journal of Service Industry Management, Vol.14, No.2, 2003, pp.160-172

또 다른 방향의 변화는 서비스 그 자체의 효력보다는 고객의 프로세스상에서 서비스의 효과성과 효율성에 관심을 갖게 되어 궁극적으로는 고객에게 솔루션(solution)을 제공하는 단계이다. 마지막으로 가장 진화한 단계는 고객의 운영 위험과 책임을 대신 해주는 단계이다. 이 모델은 서비스화의 동적 진화 과정을 체계적으로 제시하고 각 단계에서 접할 수 있는 장점과 단점을 논의한 점에서 의의가 있다. 그러나 모든 서비스화가 반드시 이런 과정을 거쳐야 하는지에 의문을 가져볼 수 있다. 예를 들면 서비스화의 진화 프로세스상에서 어느 정도의 서비스화를 이룰 것인가는 전략적 선택이며, 반드시 모든 서비스화 프로세스를 거치는 것도 아닐 것이기 때문이다.

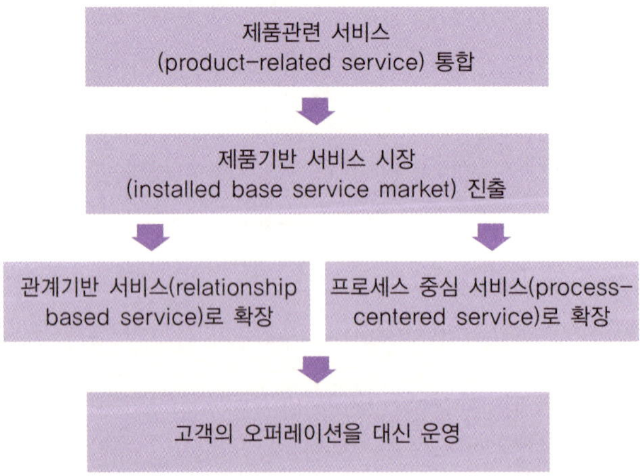

[그림 5-4] 올리바와 칼렌버그의 서비스 진화 프로세스

매튜(Mathieu)는 전략적 관점에서 서비스화를 파악하였다.[6] 서비스화와 관련된 제조업체의 전략 유형을 서비스 특성(service specificity)과 조직적 강도(organizational intensity)를 기준으로 [그림 5-5]와 같이 구분하고, 그에 해당되는 기업을 소개하였다.

서비스 특성은 고객서비스, 제품서비스, 제품으로써의 서비스로 구분하였다. 여기서 고객서비스는 일반적인 수준에서 기업의 제품 판매를 돕는 것을 목적으로 하는 서비스를 의미하며, 제품서비스는 제품 판매를 도우며 배송 및 판매 후 서비스, 기술 지원 등을 제공하는 것을 목적으로 한다. 제품으로써의 서비스는 기업의 물리적 제품과는 별개로 독립된 거래를 통하여 구매할 수 있는 서비스를 의미한다.

조직적 강도는 전술, 전략, 문화로 분류된다. 전술은 기업의 마케팅 믹스, 구체적으로는 제품믹스 안에서 특정 행동에 제한되는 것을 말한다. 전략은 기업의 포트폴리오에 어떤 핵심 역량을 기업의 사명이나 기본 가치의 변화 없이 더하는 것이 목적이며, 문화는 기업의 사명을 새롭게 하고 신뢰 시스템을 포함한 조직의 근본적인 특성을 수정하는 잠재성을 가지는 것을 말한다.

이 모형은 서비스화를 제품서비스화뿐만 아니라 기업서비스화의 관점에서 고찰하고, 그 변화 단계를 체계화했다는 점에서 의의를 찾아볼 수 있다.

---

6) Mathieu, V., "Service Strategies within the Manufacturing Sector: Benefits, Costs and Partnerships", International Journal of Service Industry Management, Vol.12, No.5, 2001, pp.451-475

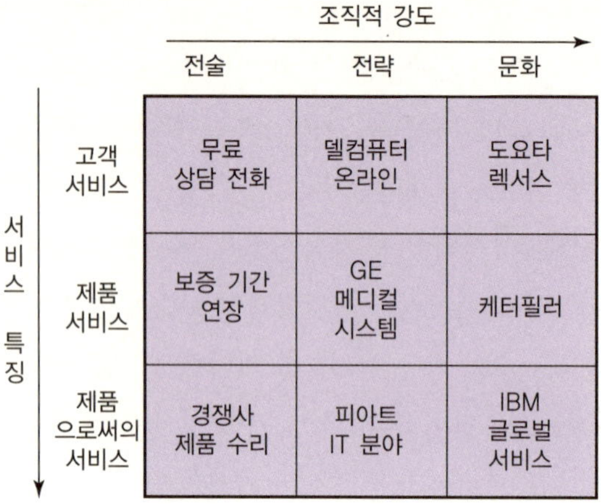

[그림 5-5] 매튜의 서비스 전략 유형

IT 관련 모형

IT 기술 또는 제품과 관련된 보고서 중 섀들러(Schadler)는 디지털 시장에서의 서비스화를 설명하기 위하여 [그림 5-6]과 같은 구조를 제시하였다.[7] 즉, 제품과 서비스를 고객화와 표준화 정도에 따라서 구분하여 제품-서비스 묶음, POS(point-of-sale) 조립, 가정 내 설치 단계로 확대될 수 있음을 제시하고, 각 분야에 해당되는 기업 또는 서비스를 예시하였다.

7) Schadler, T., "Sell Digital Experiences, Not Products," Forrester Research Report, December 20, 2005.

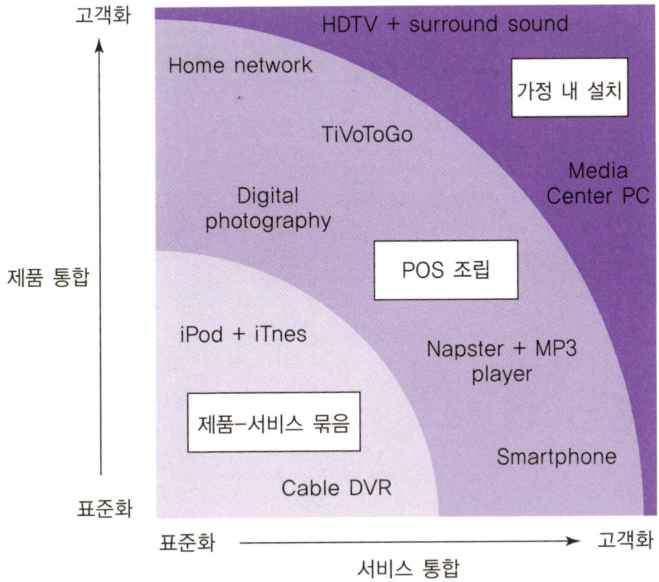

[그림 5-6] 섀들러의 프레임워크

호킨스(Hawkins) 등 영국 서식스 대학의 연구팀은 [그림 5-7]과 같이 정보통신기술, 통신, 전자 분야의 산업 체계를 나타내기 위한 프레임워크를 개발하여 제시하였다.[8] 이 모형은 인터넷을 중심으로 통합되어 가고 있는 컴퓨터 하드웨어 및 소프트웨어, 방송 콘텐츠와 서비스, 정보통신장비와 네트워크 서비스 그리고 이들이 상호 결합되어 나타나는 부가서비스들이 어떻게 연결되고 있는지를 잘 보여주는 모형이다. 이

8) Hawkins, R. Mansell, R. and Steinmueller, W.E., "Mapping and Measuring the Information Technology, Electronics and Communications Sector in the UK", Report for Office of Science and Technology, Technology Foresight Panel ITEC, Science Policy Research Unit, Brighton, Mar., 1997.

를 통하여 현재 산업의 각 제품이 서비스와 결합되어 있는 정도를 파악해볼 수 있다.

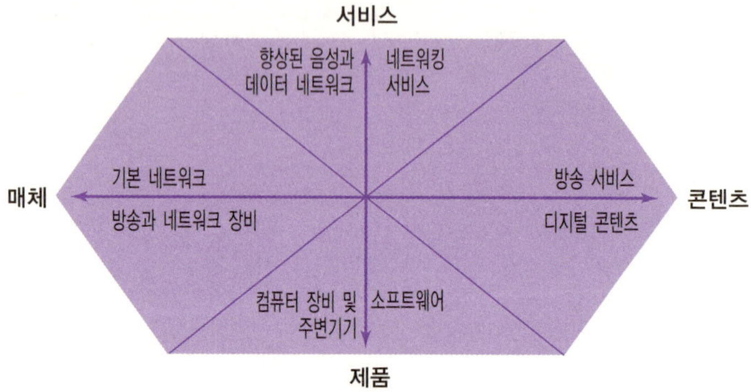

[그림 5-7] 호킨스 등의 산업 체계 분석 모형

공급사슬 모형

존슨(Johnson)과 메나(Mena)는 기존의 연구에서 나타난 공급사슬관리(SCM)에 대한 정의가 물리적 제품에 집중되어 서비스화된 제품을 설명하기에는 부적합하다고 보았다. 그리고 제품과 서비스가 통합된 개념인 서비스화와 결부하여 SCM을 설명하기 위한 새로운 모형을 [그림 5-8]에 제시하였다.[9] 이들은 위험관리 부분은 일반적인 SCM 모형에

9) Johnson, M. and Mena, C., "Supply Chain Management for Servitised Products: A Multi-industry Case Study", International Journal of Production Economics, Vol.114, No.1, 2008, pp.27-39

는 도입되지 않았던 새로운 분야라고 주장하였다. 이와 같은 주장은 정당하지 않았지만, 그럼에도 불구하고 존슨과 메나의 연구가 중요한 것은 서비스화를 SCM의 관점에서 논한 최초의 논문이라는 점이다. 연구 논문에서 해당 사례를 정리하여 설명한 점도 주목할 만하다.

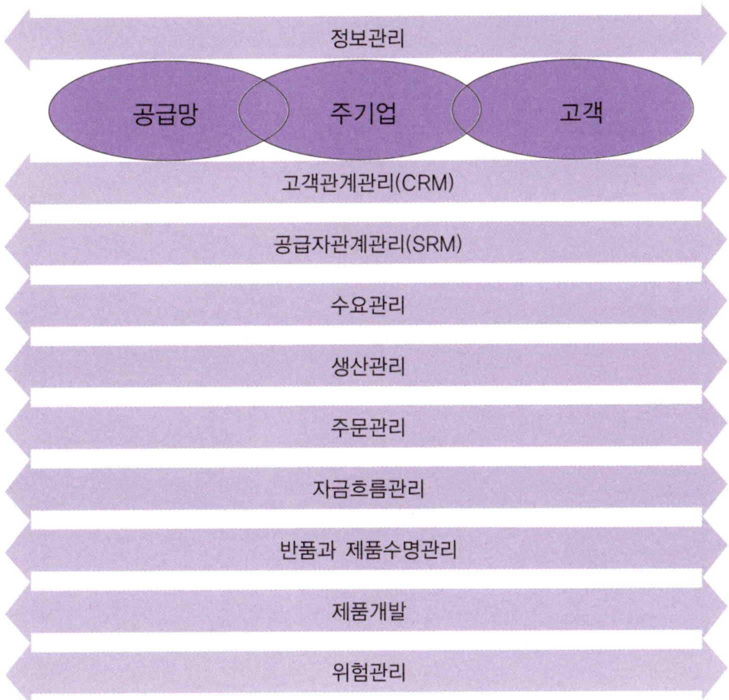

[그림 5-8] 존슨과 메나의 서비스화된 공급사슬 모형

서비스화 기회탐색 모형

와이즈(Wise)와 바움가트너(Baumgartner)는 논문에서 서비스화의 실제 기회를 어떻게 탐색하고 현실화시킬 것인지에 대해 다루었다.[10] 그들은 제조업의 수익성을 제고하기 위해서는 가치사슬의 하류방향(downstream)으로 진출해야 한다고 강조하였고, 그 방식으로는 임베디드(embedded) 서비스, 총체적 (comprehensive) 서비스, 통합적(integrated) 솔루션, 유통경로(distribution) 통제 등을 들었다. 자세한 내용을 다음의 표에 나타내었다.

〈표 5-2〉 와이즈와 바움가트너의 하류방향 진출 방안

임베디드 서비스	정보기술을 제품에 삽입하여 스마트(smart)화함. 예 하니웰(Honeywell)의 항공기 정비 관련 정보자동생성장치를 항공 시스템에 삽입
총체적 서비스	제품 제조업자의 지위를 활용하여 고객에게 서비스를 제공함. 예 GE 로코모티브와 GE 캐피탈
통합적 솔루션	제품과 서비스를 결합하여 틈새 없는(seamless) 서비스를 제공함. 예 노키아의 통신장비 및 서비스
유통경로 통제	유통경로를 장악하기 위하여 고객방향으로 통제의 범위를 확대함. 예 코카콜라 보틀링(bottling)

알멘딩거(Allmendinger)와 롬브레글리아(Lombreglia)는 스마트 서비스에 집중하여 스마트 서비스 기회를 탐색하는 방법을 제안하였다.[11] 고객

10) Wise, R. and Baumgartner, P., "Go Downstream: The New Profit Imperative in Manufacturing," Harvard Business Review, Sep–Oct, 1999, pp.133-141

11) Allmendinger, G. and Lombreglia, R., "Four Strategies for the Age of Smart Services," Harvard Business Review, October, 2005, pp.1-10

관점에서 제품의 수명주기 관찰하기, 제품이나 고객의 근처(adjacency) 둘러보기, 각 요소들이 만들어내는 사업 기회를 총괄적으로 보는 시각 갖기 등이다. 이런 기회를 통해서 형성하게 되는 비즈니스 모델로써 ① 독자적인 행보를 하는 경우 임베디드 혁신자와 솔루션 제공자, ② 다른 기업과 파트너십을 형성하는 경우 애그리게이터(aggregator)와 시너지스트(synergist)를 제시하고 있다([표 5-3]).

〈표 5-3〉 알멘딩거와 롬브레글리아의 스마트 서비스 비즈니스 모델

임베디드 혁신자	가장 제품 중심적인 모델로, 고객은 제조물품을 가치 생성의 주요인으로 간주함. 지능이나 통신기능을 제품에 삽입(embed)하는 스마트 서비스
솔루션 제공자	단독 제품이 여전히 사업 기회를 제공하는 통로로, 고객이 필요한 솔루션을 제공함.
애그리게이터	단일 장치로는 사업 기회를 정당화하기 어려운 경우, 분산된 장치 등을 모아서 장비에서 발생하는 데이터를 관리함.
시너지스트	지능형 장비를 다른 장치와 연결시키기만 하여도 성공할 수 있는 경우, 예컨대 지능형 빌딩의 자료를 수집하여 더욱 의미 있는 자료를 만들어내고, 탁월한 고객서비스를 제공하는 경우

소니(Sawhney) 등의 연구에서는 서비스 기회를 탐색하는 형태로써 '어떻게(how)' 와 서비스 기회탐색의 초점으로써 '어디(where)' 라는 변수를 제시하여 [그림 5-9]와 같은 매트릭스 모형을 제시하고 있다.[12] '어떻게' 는 신규활동추가와 기존활동변형으로, '어디' 는 핵심활동체인과

12) Sawhney, M., Balasubramanian, S. and Krishnan, V.V., "Greating Growth with Services," Sloan Management Review, Winter, 2004, pp.34-43

보조활동체인으로 구분하여, 시간적 확장과 변형, 공간적 확장과 변형의 네 가지 방법론을 명명하고, 이에 해당하는 사례를 통하여 설명하고 있다.

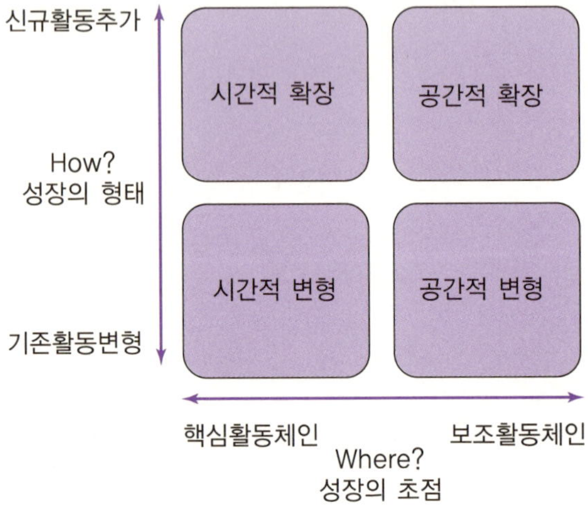

[그림 5-9] **소니 등의 서비스탐색 매트릭스**

끝으로 류지희 등은 메이어(Meyer)와 디토어(DeTore)의 신서비스개발 모형[13)]을 변형하여 전체 모형을 시장, 제품-서비스-지식 통합시스템, 공급사슬 내 핵심역량으로 구분하여 통합적인 모형을 제시하고 있다([그림 5-10]). 이 모형은 올리바와 칼렌버그의 서비스 진화 프로세스를 단순화하여, 제품관련서비스강화, 설치기반서비스, 플랫폼서비스로

13) Meyer, M.H. and DeTore, A., "Perspective: Creating a Platform-Based Approach for Developing New Services", The Journal of Product Innovation Management, 18, 2001, pp.188-204

간략화한 것이 특징이다. 여기서 플랫폼서비스란 고객에게 솔루션을 제공하는 단계로, 단일 기업이 전체 솔루션을 제공하기보다는 기업생태계를 형성하여 서비스를 제공하는 단계를 의미한다.

시장의 가로축 부분은 시장의 확대를 의미하는데, 소니 등의 연구에서와 같이 제품의 시간적, 공간적 확대를 통하여 이를 성취할 수 있다. 또한 반더머위와 라다의 범주 확대 모형에서 지식을 제품, 서비스 통합 부분에 추가하였으며, 제일 하단에는 존슨과 메나의 서비스화 관련 SCM 구조를 통합하여 공급사슬 내 참여자의 핵심역량을 기술하도록 하였다. 각 부분의 자세한 기술은 류지희 등의 연구를 참고할 필요가 있다. 이 모형은 서비스화의 전략적 제품개발 모형으로 활용될 수 있으며, 모형의 통합적 특성을 활용하여 사례 분석을 위한 도구로도 활용될 수 있다. 다음에는 이 모형에 근거하여 사례를 소개하도록 한다.

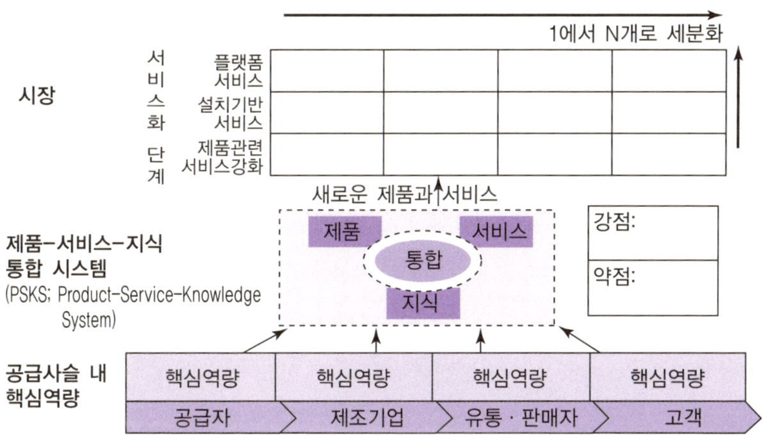

[그림 5-10] 류지희 등의 서비스화 프레임워크

서비스화 사례

애플

애플은 제품과 서비스를 결합하여 성공을 이루어낸 대표적인 기업이다. 애플은 1976년 스티브 잡스와 스티브 워니악에 의해 설립되어 컴퓨터와 소프트웨어를 중심으로 성장한 기업이었다. 그러나 기존의 회사 이름인 'Apple Computer, Inc.'에서 'Computer'라는 단어를 없애고 'Apple Inc.'로 변경할 만큼 오늘날에는 컴퓨터가 아닌 아이팟(iPod)과 아이폰(iPhone)으로 더욱 유명한 기업이 되었다.

국내에서는 2009년 말 출시된 아이폰으로 인해 휴대폰 사용자의 통신사 이동과 다른 스마트폰의 가격 하락을 초래할 만큼 애플은 국내 통신업계와 전자업계에 큰 파장을 가져다주었다. 2010년 1월에는 스마트폰과 노트북 사이에 존재하는 새로운 휴대용 기기인 아이패드(iPad)를 공개하여 전 세계 고객의 관심을 불러일으켰고, 향후 IT업계와 출판업계에 미치는 영향이 상당할 것으로 전망되고 있다.

애플이 IT업계에서 이와 같은 명성을 누리게 되기까지는 기존에 잘 구축된 브랜드 이미지와 우수한 디자인으로 전 세계의 '패션 아이콘' 으로 자리 잡은 아이팟의 영향이 크다. 아이팟은 디지털 음원 재생기로 2001년 10월에 출시하자마자 단숨에 미국을 비롯한 세계 디지털 음원 기기 시장을 석권하는 인기 상품이 되었다. 아이팟은 애플사가 갖고 있던 컴퓨터 제조 및 디자인 분야의 핵심역량을 활용하여 만들어진 제품으로, 기존의 주력 상품이었던 컴퓨터 시장이 여러 경쟁자에 의해 포화되어감에 따라 기업의 매출이 부진하던 찰나에 출시되어 애플의 새로운 이윤 창출원이 되었다. 그러나 애플은 과거 컴퓨터 시장의 경험을 통해 단순히 제품 판매를 통한 수익은 한계가 있다는 것을 알고 있었다.

따라서 애플은 아이팟이라는 제품과 함께 새로운 서비스를 제공하기 위한 노력을 하였고, 그 일환으로 2003년 아이튠스 뮤직 스토어(iTunes Music Store; ITMS)를 선보였다. 당시에는 합법적인 디지털 음원 시장이 구축되지 않았으므로 디지털 음원을 무료로 제공하는 것에 대한 법적 공방이 일던 때였다. 결국, 무료 음원 제공 사이트는 사라지게 되었고, 아이팟이나 엠피쓰리(MP3)의 사용자가 비용을 지불하고 합법적으로 음원을 다운로드할 수 있는 온라인 시장이 필요하게 되었다. 애플은 이와 같은 시기에 다른 기업보다 빨리 디지털 음원 시장에 뛰어들어 유료 음악 콘텐츠를 판매하기 시작하였다.

애플은 기존 아이팟 고객들이 반드시 필요로 하던 디지털 음원 판매라는 새로운 서비스를 제공함과 동시에 고객 만족도를 향상시키고 판매 수익도 올릴 수 있었다. 애플이 ITMS를 통해 판매하는 음원은 오직 아이팟에서만 재생이 가능한 파일이었기 때문에 이는 곧 아이팟의 매출 증대로 이어졌다. 애플은 음악 콘텐츠 서비스 제공에서 더 나아가

영화, TV, 게임, 교육 등 다양한 산업과 연계하여 콘텐츠 서비스 영역을 확장하고 있으며, 새로운 모델의 아이팟을 지속적으로 출시하면서 통신, 자동차, 헬스케어, 방송, 출판 산업 등과 연계하여 제품관련 비즈니스를 확대하고 있다.

오늘날 애플은 아이팟뿐만이 아니라 아이폰, 애플 TV, 아이패드라는 새로운 제품을 출시하여 제품의 다양화를 가져옴과 동시에, 아이튠스라는 동기화 프로그램을 통해 애플의 제품 간에는 저장된 음악과 동영상을 이동하고 재생이 가능하도록 서비스를 제공하여 고객에게 더욱 높은 가치를 전달하는 기업이 되었다. 아이폰은 아이팟에 전화와 무선 인터넷 기능을 추가한 휴대폰으로 기존의 아이튠스 스토어에서 다운로드받은 다양한 콘텐츠의 활용이 가능한 제품이며, 아이폰 사용자는 앱스토어(App Store)를 통해 각종 콘텐츠의 구매 및 직접 개발한 콘텐츠를 자유롭게 판매하고 수익을 얻을 수 있다. 아이패드는 각종 미디어 파일의 재생 및 인터넷 브라우징이 가능한 태블릿 PC로써 아이폰 운영체제를 사용하므로 기존의 앱스토어에서 판매되는 응용프로그램과 아이튠스의 사용이 가능하다. 또한 아이패드 사용자는 애플이 새로이 오픈한 아이북스 스토어(iBooks Store)라는 신문, 잡지, 서

[그림 5-11] 9달 만에 10억 건의 다운로드를 돌파한 앱스토어(출처: http://www.apple.com)

앱스토어는 다양한 콘텐츠를 구매하고 직접 개발한 콘텐츠를 판매하는 온라인 장터이다.

적 등의 전자책 콘텐츠 마켓을 통해 다양한 전자책을 구매할 수 있다. 이러한 제품과 서비스의 확대는 과거 제조업 위주였던 애플이 서비스화가 되어가는 과정을 보여준다.

[그림 5-12]와 [그림 5-13]은 애플의 서비스화 사례를 앞에서 제시한 프레임워크에 적용한 것이다. [그림 5-12]는 애플이 컴퓨터 제조업체로 보유하던 핵심역량 등을 활용하여 디지털 음원 재생기기인 아이팟을 출시하였지만, 디지털 음원을 판매하는 아이튠스 뮤직 스토어가 오픈되기 이전의 시점을 나타내며, [그림 5-13]은 컴퓨터와 아이팟의 호환이 가능한 아이튠스라는 플랫폼을 통해 음원을 비롯한 다양한 콘텐츠를 판매하는 서비스를 제공하기 시작한 이후부터 현재 애플의 서비스화를 나타낸다.

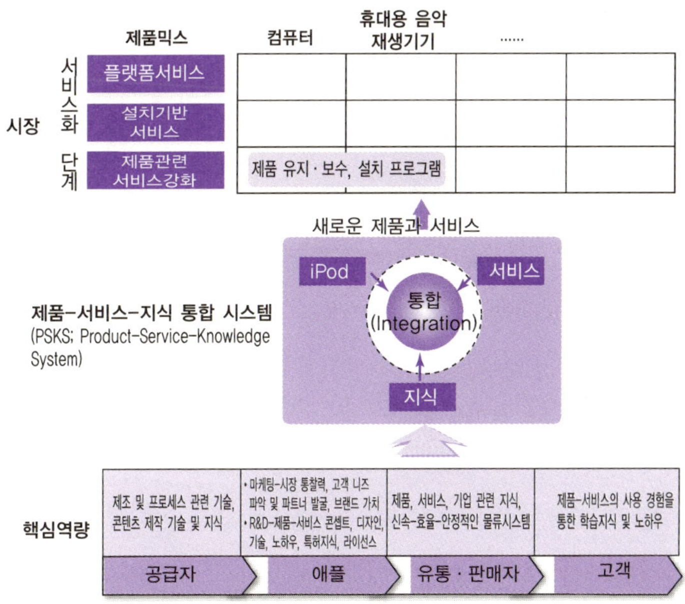

[그림 5-12] 서비스화 프레임워크 예: 애플(아이튠스 뮤직 스토어 오픈 이전)

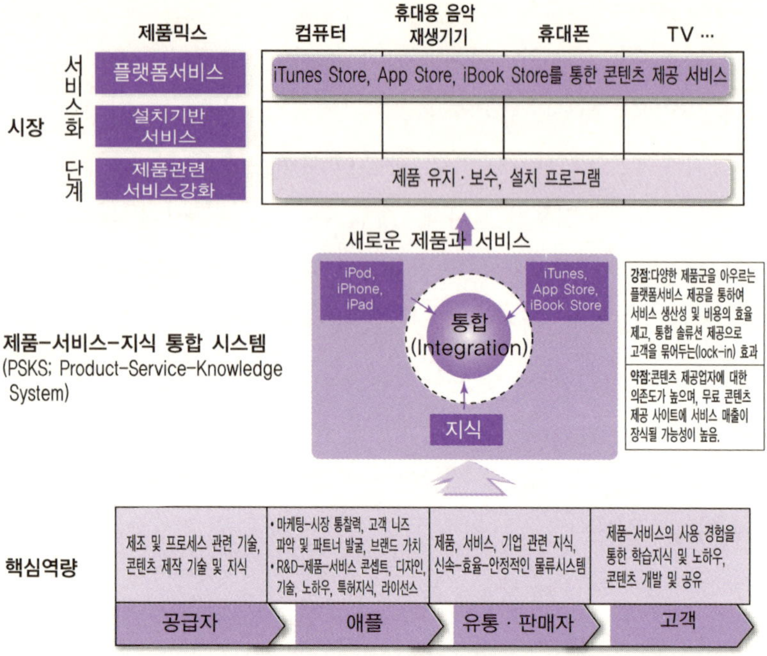

[그림 5-13] 서비스화 프레임워크 예: 애플(다양한 콘텐츠 제공 이후)

[그림 5-13]의 상단에 있는 시장 부문의 가로축은 애플이 컴퓨터에서 휴대용 음악 재생기기, 휴대폰, TV 등으로 제품믹스를 확대해가는 과정을 나타내며, 세로축은 애플이 제공하는 서비스가 진화하는 과정을 보여준다. 초기의 서비스는 제품의 수리 및 보증과 관련한 제품 판매 후의 서비스와, 컴퓨터와 아이팟의 동기화를 부여하는 아이튠스를 제공하는 수준으로 제품관련서비스강화에 속한다. 그러나 현재 애플은 고객에게 콘텐츠를 제공하는 아이튠스 스토어와 앱스토어 및 아이북 스토어를 개설하여 고객과 콘텐츠 시장을 연결하는 플랫폼서비스를 제공하는 단계

로 진화하였다. 애플이 플랫폼을 제공하며 기업생태계의 주요 역할을 담당하는 것은 애플과 고객에게만 가치를 제공하는 것이 아니라, 생태계에 참여하는 다양한 콘텐츠 제공자들과 관련 제품 및 서비스를 제공하는 공급자가 가치를 창출하고 공유하는 효과를 가져온다.

애플은 이처럼 플랫폼서비스 단계의 제품 서비스화를 이루어 다양한 제품군을 아우르는 플랫폼을 활용함으로써, 서비스 생산성 및 비용의 효율성을 높이고, 통합 솔루션 제공으로 고객을 묶어두는 효과(lock-in effect)를 얻고 있으며, 지속적으로 서비스 이윤을 창출하고 있다. 애플은 아이튠스를 통해 음악 다운로드 서비스를 시작한 지 7년 만에 100억 곡 이상의 음악을 판매하며 지속적인 고객 확보 및 수익을 창출하였다. 이는 하드웨어 중심의 다른 경쟁자에 비하여 월등한 경쟁력을 보유하는 것을 의미한다. 그러나 플랫폼서비스가 콘텐츠 제공업자에 대한 의존도가 높고, 무료 콘텐츠 제공 사이트(free mirror site)가 생겨나거나 콘텐츠 사이트에 임의의 소프트웨어를 게시하려는 시도(jailbreak) 등으로 서비스 매출이 잠식될 가능성이 크다는 점은 애플의 서비스화가 가진 약점이다.

현대자동차

우리나라 제조기업의 대표 주자인 현대자동차는 품질과 성능은 기본이고 새로운 가치를 제공하는 것이 요구되는 자동차 산업에서 경쟁력을 확보하기 위하여 자동차에 서비스를 입히는 전략을 추진하고 있다. 즉, 제품 서비스화로 당면한 문제를 해결하고 미래 자동차 산업의 글로벌 리더로 발돋움하기 위한 발판을 마련한다는 것이다.

과거 현대자동차는 고객 만족을 위해 자동차의 기능과 품질에 초점을 맞추고 기술개발에 집중해왔다. 이에 따라 기존의 서비스는 자동차의 안전과 성능 유지를 위한 정비 및 소모품 교체 서비스 수준에 머물렀다. 그러나 오늘날 현대자동차는 고객을 위한 혁신을 중장기 비전으로 제시하고, 적극적인 서비스 활동을 펼치기 위한 사업 부문을 운영하며 서비스 경쟁력 강화에 노력을 기울이고 있다.

현대자동차의 서비스와 관련한 주요 사업으로는 멤버십 프로그램을 통한 고객관리, 서비스 협력사 네트워크를 활용한 정비 거점 사업, 고객이 원하는 차량 장식 부품과 서비스를 지원하는 커스터마이징(customizing) 사업, 자동차 이외의 상품에 현대자동차의 브랜드를 연계한 브랜드 컬렉션 사업, 자동차 박물관과 같은 자동차 사업을 문화 및 엔터테인먼트와 결합한 신개념 고객 접점 개발 사업, 운전자에게 정보와 엔터테인먼트를 제공하는 카 인포테인먼트 사업 등이 있다. 이러한 현대자동차의 서비스 체계를 통틀어 '블루서비스'라고 하며, 2007년 국내 고객을 대상으로 시작한 멤버십 프로그램인 '블루멤버스'를 중심으로 현대자동차의 다양한 서비스 사업이 전개되고 있다.

현대자동차는 블루멤버스 가입 고객을 대상으로 자동차 관리 서비스와 제휴 가맹점 이용 시 할인 혜택 등의 서비스를 제공하고 있다. 블루멤버스가 현대자동차의 서비스화에 중핵의 역할을 담당하는 이유는 자동차라는 제품의 특성에서 비롯된다. 자동차는 평균 사용 기간이 7년에 달할 만큼 제품수명이 긴 특징을 가지므로 일반 소비재와는 달리 고객과의 접촉기회가 낮다. 과거에 현대자동차와 고객의 관계는 자동차 구매시점을 위주로만 적극적인 마케팅 활동이 이루어지고, 고객이 자동차를 구매한 이후에는 자동차의 유지 보수 이외에는 고객과의 접촉이 거의 없는 형태였다. 따라서 제품 판매 이후에는 현대자동차와 고객 사이의 소통이 단절되고 고객이 새로운 제품을 구입할 시기가 되어서야 판촉활동을 위해 고객접촉이 이루어지는 관계를 형성하였다. 이러한 관계 속에서 현대자동차의 매출은 제품 판매에만 국한되며 고객이 제품을 사용하는 모든 기간에 걸쳐 지속적인 가치를 제공하지 못하는 구조를 가졌다. 그러나 멤버십 서비스를 운영하면서부터는 고객이 자동차를 구매하여 사용하는·기간 내내 멤버십 카드를 통한 서비스를 제공하여 고객 접촉기회를 간접적으로 높이고 지속적인 가치를 전달할 수 있게 되었으며, 현대자동차의 새로운 서비스 사업을 구축하는 기반이 되었다.

한편, 오늘날 자동차 산업의 환경은 자동차와 통신, IT 기기 간의 융합으로 차량의 안전성과 편의성을 높이고 다양한 정보를 제공하는 지능형 자동차와 서비스를 제공하는 방향으로 변화하고 있다. 현대자동차는 자동차 사용의 편의성과 즐거움을 높여주는 '카 인포테인먼트' 서비스 사업으로 모젠(MOZEN) 서비스를 제공하고 있다. 이는 차량 내 단말기를 통해 제공되는 서비스로 빠른 길 안내와 위험 지역 알림 기능, 도난 추적과 에어백 전개 자동 통보 등의 정보를 제공하여 차량의 편리하고 안전한 운행을 돕는다. 또한 다양한 생활정보와 비서 서비스 및 음성인식 서비스 등을 제공하여 차량 이용자의 편의를 돕는다. 고객은 모젠 서비스를 통해 자동차와 직접적인 커뮤니케이션이 가능하고 차량 관리와 정보 획득이 쉬워지는데, 이는 즐겁고 안전한 운전으로 이어진다. 그리고 현대자동차는 모젠으로 각종 정보화 기기와 서비스 및 콘텐츠를 통합하는 플랫폼을 제공하여 고객관계를 강화하고 지속적인 서비스 수익을 창출할 수 있다. 또한 고객의 자동차와 관련한 정보를 수집하여 기술 개발에 활용하고 다양한 사업으로 연계하여 발전시키는 데에도 활용할 수 있다.

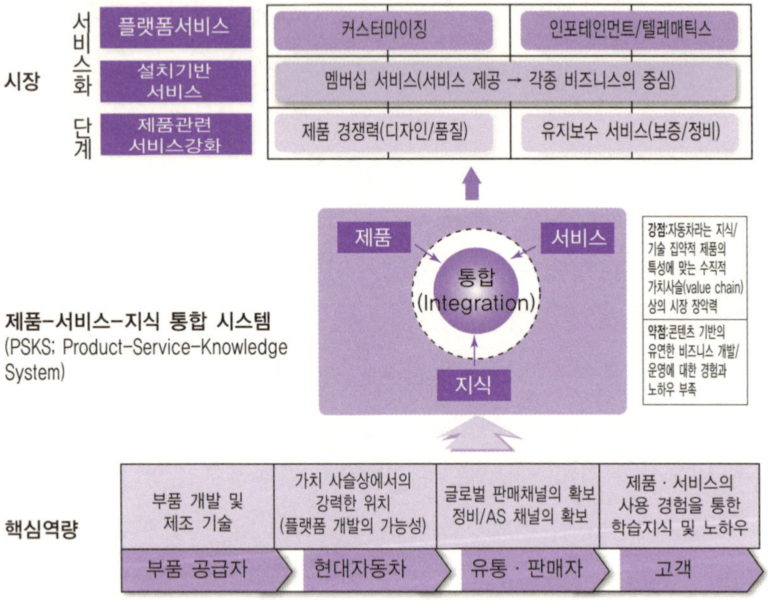

[그림 5-14] 서비스화 프레임워크 예: 현대자동차

현대자동차의 사례를 서비스화 프레임워크에 적용해보면 그림과 같다. 현대자동차는 제품의 디자인과 품질을 향상시키기 위하여 연구개발 부서를 운영하고 있으며, 품질보증과 정비 서비스 개선을 위해 국내 최대의 서비스 네트워크를 구축하여 선진 종합 서비스를 제공하고 있다. 이러한 제품 자체 경쟁력 강화와 자동차 유지보수 서비스의 강화 및 제품 판매 촉진을 위한 다양한 영업 서비스 활동은 제품관련서비스 강화 단계에 속한다.

또한 블루멤버스를 통해 다양한 멤버십 서비스를 제공하여 고객과의 접촉기회를 높이고 신규 서비스 사업의 네트워크를 구축하는 기반을 마련하였다. 아울러 지속적인 고객관리와 다양한 혜택의 제공으로 고객의 신차 재구매를 유도하고 있다. 현대자동차가 이처럼 다양한 서비스 사업을 관리하는 사업 부문을 별도로 조직하고 멤버십 프로그램을 구축하여 제공하는 서비스 및 새로운 서비스 사업을 위한 기반을 마련한 것은 설치기반서비스 단계로 볼 수 있다.

나아가 고객이 원하는 차량 장식 부품과 서비스를 지원하는 커스터마이징 사업은 자동차라는 제품의 판매를 넘어서 고객이 원하는 솔루션을 제시해주는 물리적 플랫폼서비스이다. 또 카 인포테인먼트 서비스는 이를 통해 제공되는 다양한 프로그램과 콘텐츠를 활용하여 고객에게 다양한 솔루션을 제공할 수 있도록 하는 플랫폼서비스의 기반을 조성하고 있다. 따라서 현대자동차는 커스터마이징 사업과 모젠 서비스를 통해 차량의 제조와 판매에서 나아가 애프터마켓에서 수익을 창출하고 경쟁력을 확보할 수 있는 플랫폼서비스 단계로 진출하여 다양한 방면으로 제품 서비스화에 적극적인 활동을 펼치고 있다. 다만, 카 인포테인먼트 서비스의 경우 이를 통하여 구체적으로 고객의 어떤 니즈를 충족시킬지 솔루션의 개념을 더욱 확실히 정의할 필요가 있다. 예를 들면 카 인포테인먼트를 활용하여 운전자 및 승차자의 건강진단 서비스를 개발할 수도 있을 것이다.

현대자동차는 20,000개 이상의 부품을 조립하여 완성차를 제조하는 기업으로 자동차 생산의 가치사슬상에서 강력한 지위를 갖고 있다. 이러한 점은 자동차 산업에서 현대자동차가 자동차 부품업체와 카 인포테인먼트 서비스와 관련한 콘텐츠 업체가 참여할 수 있는 플랫폼을 제공하는 기업생태계의 주역을 담당하며 제품 서비스화를 주도하는 데에 강점으로 작용한다.

결론적으로, 자동차에 서비스의 옷을 입히는 부분에 있어서는 기회가 무궁무진하다고 할 수 있겠다. 하지만 경쟁력 있는 플랫폼서비스 수준의 새로운 서비스를 개발하기 위해서는 더 철저한 자기성찰과 그에 따른 아이디어의 개발 및 개선 노력이 필요할 것이다.

지금까지 우리는 제조기업의 서비스화와 관련한 다양한 개념과 이를 이해하기 위한 개념적 모형들을 살펴보았다. 또한 그에 따른 국내외 사례 한 가지씩을 살펴보았다. 서비스화와 관련한 흥미롭고 시사점이 많은 사례들을 발굴할 필요가 있지만, 이에 앞서 다양한 사례를 이해하고 비교 분석하기 위한 개념적 도구가 요구되었고, 이런 면에서 이 글이 도움이 되었을 것이다.

개념적 모형의 제시와 함께 앞으로 지속적인 연구가 필요한 분야는 서비스화를 어떻게 측정할 것인지에 대한 논의일 것이고, 이러한 지표와 다양한 경영 성과와의 관계에 대한 이해를 위한 자료의 수집과 분석이 필요할 것이며, 이러한 이해에 근거하여 의사결정에 도움이 되는 수리모형의 개발일 것이다.

Chapter 6

서비스 전달시스템 분석 방법론

SERVICE SCIENCE

박광태(고려대학교 교수)

서울대학교 공과대학 산업공학과를 졸업하고 동 대학원에서 석사학위를, 미국 버클리 대학교에서 산업공학/경영과학 박사학위를 받았다. 현재 고려대학교 경영대학 물류, 서비스 분야 교수로 재직 중이다. 한국생산성학회 회장을 역임하였으며, 현재 서비스사이언스학회 부회장, 한국서비스경영학회 부회장, 한국기업경영학회 부회장을 맡고 있다.

박근완(고려대학교 박사과정)

현재 고려대학교 일반대학원 경영학과 박사과정에 재학 중이며 서비스사이언스, 서비스경영과 SCM에 관심을 갖고 있다.

서비스사이언스에서의 서비스 전달시스템

오늘날 서비스 산업은 지속적으로 증가하고 있고 제품 지배 논리에서 서비스 지배 논리로 경제적인 패러다임이 전환되고 있다. 이에 따라 남기찬 등(2008)은 서비스를 체계적으로 이해할 수 있고 서비스 생산성을 향상시킬 수 있는 서비스사이언스 분석 방법론의 필요성에 대해 언급하였다.[1] 최근 이러한 필요성을 반영하여 경영학, 산업공학 등 여러 분야의 학회들이 서비스 분야의 문제를 해결하기 위해 각 학회 특성에 맞는 서비스 세션을 신설하여 연구를 수행하고 있다.

'서비스' 라는 개념에 '사이언스' 를 도입한다는 것은 서비스를 하나의 통합적 개념으로 이해하는 것이 아니라, 모듈화 관점에서 서비스를 여러 속성으로 분해하여 각 속성을 파악하려는 시도로 볼 수 있다. 여기서 모듈화의 개념은, 서비스 조직이 보유하고 있는 개개의 서비스 전

1) 남기찬 · 김용진 · 남정태 · 배영우 · 변희선 · 이남희, "서비스사이언스: 이론적 고찰과 분석 프레임워크 개발", Information Systems Review, 10(1), 2008, pp.213-235

달시스템으로 설명이 가능하다. 즉, 고객이 서비스 조직으로부터 서비스를 제공받는 일련의 서비스 단계를 모듈로 설명할 수 있고, 이러한 개개의 모듈을 관리하는 것을 서비스사이언스로 정의할 수 있다.

박근완과 박광태(2008)는 서비스 조직의 생존은 고객의 참여를 자연스럽게 이끌어 낼 수 있는 서비스 전달시스템의 창조성과 차별성에 의해 결정된다고 주장하였다.[2] 이는 여러 모듈들의 합으로 구성되어 있는 서비스 전달시스템의 관리가 중요하다는 것을 의미한다. 과거 서비스 분야 연구의 초기 관점은 '고객이 느끼는 서비스 품질을 어떻게 하면 오차 없이 정확하게 측정할 것인가?' 였다. 대표적인 연구로, 서비스 품질을 고객의 서비스에 대한 기대와 지각 간의 차이로 측정한 서브퀄(SERVQUAL)과 서비스 조직으로부터 제공받은 서비스에 대한 지각만으로 서비스 품질을 측정한 서브퍼프(SERVPERF)가 있다.[3]

기존의 연구는 주로 서비스 속성에 대한 차원(dimension) 중심의 연구라 할 수 있는데, 이러한 연구는 온라인 서비스에 대해서도 웹퀄(WEBQUAL)과 같이 유사한 방식으로 여전히 진행되고 있다.[4] 이러한 차원 중심의 서비스 연구는 서비스 속성을 오직 전체적인 관점으로 본다는 한계가 있다. 대부분의 서비스는 각 서비스 특성에 맞는 다수의 서

2) 박근완 · 박광태, "서비스청사진을 이용한 병원 서비스 개선방안에 관한 연구", 한국IT서비스학회지, 제7권, 제2호, 2008, pp.223-242

3) Parasuraman, A., Zeithaml V.A. and Berry, L.L., "SERVQUAL: a Multiple-Item Scale for Measuring Consumer Perceptions of Quality," Journal of Retailing, 64(1), 1988, pp.12-40

Cronin, J.J. and Taylor, S.A., "Measuring Service Quality: a Reexamination and Extension," Journal of Marketing, 56(3), 1992, pp.55-68

4) Barnes S.J. and Vidgen, R., "An Evaluation of Cyber-Bookshops: The WebQual Method," International Journal of Electronic Commerce, 6(1), 2001, pp.11-30

비스 접점을 가지고 있고, 각 서비스 접점마다 다양한 종업원이 있으며, 서비스 접점마다 서비스가 독립적으로 수행된다. 즉, 고객은 서비스 조직이 제공하는 서비스 전달시스템을 거치면서 수많은 감정의 변화를 경험하게 된다. 이에 서비스 속성을 명확하게 파악하기 위해서는 서비스를 차원 중심의 전체적 관점에서 파악하기보다는 고객이 서비스를 제공받는 서비스 전달시스템을 기반으로 서비스 단계를 분해하여 세밀하게 파악할 필요가 있다. 서비스 속성을 파악하기 위해 서비스 단계에 바탕을 둔 서비스 프로세스 접근 방법은 기존의 '서비스' 연구에서 '서비스사이언스' 연구로 넘어가는 첫 단계가 될 것이다.

하지만 오늘날 서비스 조직의 시스템 또는 프로세스 관리 기법, 즉 서비스 전달시스템 관리 기법은 제조업과 달리 지속적으로 진보적인 방법론을 제시하지 못하고 있는 실정이다.[5] 박근완과 박광태(2008)는 서비스 조직의 이 같은 상황이 서비스 조직에서 나타나는 여러 문제들의 가장 근본적인 원인이라고 말하고 있다.[6] 즉, 서비스 조직이 보유하고 있는 서비스 전달시스템을 명확히 분석할 수 있어야 서비스 프로세스의 흐름과 서비스 시간에 신뢰성을 부여할 수 있고, 종업원의 직무 흐름 관리를 통한 내부 프로세스의 효율성을 증가시킬 수 있다는 것이다. 이는 곧 종업원의 고객 서비스 지원에 대한 빠른 대처로 이어질 수 있다.

이제 서비스 조직이 보유한 서비스 전달시스템을 분석할 수 있는

5) Verboom, M., Iwaarden, J. and Wiele, T., "A Transparent Role of Information Systems Within Business Processes: A Case Study," Managing Service Quality, 14(6), 2004, pp.496-504

6) 박근완 · 박광태, "서비스청사진을 이용한 병원 서비스 개선방안에 관한 연구", 한국IT서비스학회지, 제7권, 제2호, 2008, pp.223-242

'서비스 전달시스템 분석 방법론'을 제시하고자 한다. 먼저, 서비스 전달시스템에 대한 문헌 연구를, 그리고 세 가지 단계로 진행되는 '서비스 전달시스템 분석 방법론'을 설명하고자 한다. 마지막으로 서비스 전달시스템 분석 방법론을 사용하여 치과 의료서비스에 대해 적용해보고자 한다.

서비스 전달시스템에 대한 문헌 연구 이해

서비스 전달시스템의 필수 조건은 고객의 참여이고, 이는 고객의 참여가 없는 상황에서 서비스 전달시스템은 시작 또는 완성되지 않는다는 점에서 쉽게 설명될 수 있다. 이러한 사실은 서비스 전달시스템을 효율적으로 설계하고 관리해야 하는 현장 관리자들의 업무를 어렵게 만드는 원인이 되기도 한다.[7] 이처럼 서비스 조직과 고객 사이의 원활한 상호작용은 매우 중요한 부분이며, 이러한 상호작용을 제대로 이해하기 위해서는 서비스 조직이 보유한 서비스 전달시스템에 대한 이해가 필요하다.[8]

캔지아니(Canziani, 1997)는 서비스 조직의 경쟁력은 조직이 보유하고 있는 서비스 운영 및 관리상의 정보 기술 그리고 종업원의 동기유발과

7) Flieb, S. and Kleinaltenkamp, M., "Blueprinting the Service Company: Managing Service Processes Efficiently," Journal of Business Research, 57(4), 2004, pp.392-404

8) Vargo S.L. and Lusch, R.F., "Service-Dominant Logic: Continuing the Evolution", Journal of the Academy of Marketing Science, 36(1), 2008, pp.1-10

같은 서비스 전달시스템에 의해 결정된다고 보았다.[9] 따라서 서비스 전달시스템 설계 시 고려해야 할 항목 중 '시스템의 관리와 조절, 종업원 훈련 그리고 전문가의 의견' 은 없어서는 안 될 중요한 요소이고, 더 나아가 본질적으로 갖추어야 할 사항으로 '서비스 품질 수준에 영향을 미치는 수많은 내부 요인들 간의 관계' 를 고려하여 서비스 전달시스템을 설계해야 한다는 것이다.[10]

러브락(Lovelock, 1983)은 서비스 전달시스템을 생산(manufacturing)과 전달(delivery)이 혼합된 시스템으로 정의하였다.[11] 여기서 생산이란 서비스 조직 관점이고, 전달이란 고객 관점이라 할 수 있다. 즉, 서비스 조직과 고객 사이의 원활한 상호작용을 이끌어낼 수 있는 서비스 전달시스템의 구현이 궁극적인 목표라 할 수 있다. 서비스 속성의 파악에 있어 유형과 무형의 관점은 개념적 정의가 명확하다. 서비스의 분류에 있어 러브락은 서비스 행위의 본질을 눈에 보이는 유형적 서비스 행위와 눈에 보이지 않는 무형적 서비스 행위로 구분하였고, 토머스(Thomas, 1978)는 유형서비스의 구분을 인간 중심의 서비스 전달시스템과 장비 중심의 서비스 전달시스템으로 개념화하였다.[12]

피치몬스와 피치몬스(Fitzsimmons and Fitzsimmons, 1995)는 서비스 전달

9) Canziani, B.F., "Leveraging Customer Competency in Service Firms," International Journal of Service Industry Management, 8(1), 1997, pp.5-25

10) Walker, R.H., Johnson, L.W. and Leonard, S., "Re-thinking the Conceptualization of Customer Value and Service Quality within the Service-profit Chain," Managing Service Quality, 16(1), 2006, pp. 23-36

11) Lovelock C.H., "Classifying Service to Gain Strategic Marketing Insights," Journal of Marketing, 47(Summer), 1983, pp.9-20

12) Thomas D.R.E., "Strategy Is Different in Service Business," Harvard Business Review, July–August, 1978, pp.158-165

시스템의 설계는 고객만족을 위한 서비스 개념 및 전략적 차별화를 통한 경쟁우위 확보의 시발점이 된다고 언급하였다.[13)]

스튜어트(Stewart, 2003)는 '종업원의 과업, 서비스 접점' 그리고 '유형 서비스(시설 및 기구)와 종업원에 대한 지원' 을 언급한 후, 이 두 가지를 기반으로 서비스 전달시스템을 통합하는 연구를 수행하였다.[14)] 그는 서비스 전달시스템 통합을 통해 서비스 실패에 대해서도 어려움 없이 대처할 수 있는 시스템을 설계할 수 있다고 주장하였다. 또한 서비스 전달시스템에 있어서 강건설계(robust design)의 중요성에 대해서도 언급하였다.

버만 등(Buhman et al., 2005)은 서비스 프로세스 설계에 있어서, 스튜어트 연구의 프로세스 통합을 통한 강건설계 개념을 확립하기 위해, 경제적 측면[15)], 마케팅 측면[16)], 생산관리 측면 그리고 심리학 측면을 기준으로 하여 서비스 프로세스 통합 및 서비스 접점 설계에 대해 연구를 수행하였다.[17)]

---

13) Fitzsimmons, J.A. and Fitzsimmons, M.J., *Service Management for Competetetive Advantage*, McGraw-Hill, Inc, 1995.

14) D.M. Stewart, "Piecing Together Service Quality: A Framework for Robust Service," Production and Operations Management, 12(2), 2003, pp.246-265

15) Cosmides, L., and Tooby, J., "Better than Rational: Evolutionary Psychology and the Invisible Hand," The American Economic Review, 84(2), 1994, pp.327-332

16) Shostack, G.L., "Service Positioning through Structural Change," Journal of Marketing, 51(1), 1987, pp.34-43
Bitner, M.J., "Servicescapes: The Impact of Physical Surroundings on Customers and Employees," Journal of Marketing, 56(2), 1992, pp.57-71
Rust, R.T., Zahorik, A.J., and Keiningham, T.L., "Return on Quality(ROQ): Making Service Quality Accountable," Journal of Marketing, 59(2), 1995, pp.58-70

17) Buhman, C., Kekre, S., and Singhal, J., "Interdisciplinary and Interorganizational Research: Establishing the Science of Enterprise Networks," Production and Operations Management, 14(4), 2005, pp.493-513

쇼스택(Shostack, 1987)은 서비스는 프로세스 단위로 규정할 수 있으며, 이러한 프로세스는 복잡성과 다양성으로 정의할 수 있다고 언급하였다. 여기서 복잡성이란 서비스를 수행하는 데 요구되는 프로세스 단계들의 수를 의미하며, 다양성이란 종업원이 서비스 전달 시 각 단계에서 허용되는 서비스의 자유 재량권 정도를 의미한다.

슈메너(Schmenner, 1986)는 쇼스택의 개념을 확장하여 서비스 전달시스템을 노동집약도와 고객접촉 및 서비스 개별화 정도라는 두 가지 차원으로 구분하여 정의하였다.[18)]

피치몬스와 피치몬스는 장기적 의사결정에 연관된 '구조적 요인'과 단기적 의사결정에 연관된 '관리적 요인'으로 구분하여 서비스 전달시스템을 제시하였고[19)], 노먼(Normann, 1991)은 구조적 요인과 고객 관점에서 서비스 전달시스템 구조에 대해 연구하였다.[20)]

기타 서비스 전달시스템에 관한 연구에서도 서비스 전달시스템의 결정요인을 모두 구조적 요인과 관리적 요인으로 구분하여 연구를 수행하였다.[21)]

---

18) Schmenner, R.W., "How Can Service Businesses Survive and Prosper?," Sloan Management Review, 27(3), 1986, pp.21-32

19) Fitzsimmons, J.A., and Fitzsimmons, M.J., *Service Management for Competitive Advantage*, McGraw-Hill, Inc, 1995.

20) Normann, N., *Service Management Strategy and Leadership in Service Business*, 2nd, John Wiley & Sons, 1991.

21) Chase, R.S., "Where Does the Customer Fit in a Service Operation," Harvard Business Review, 56(4), 1978, pp.137-142
Hayes, R.H. and Wheelwright, S.G., *Restoring Our Competitive Edge: Competing Through Manufacturing*, John Wiley, New York, 1984.
Schmenner, R.W., *Service Operations Management*, Prentice Hall, 1995.
Murdic, R.G., Render, B. and Russell, R.S., *Service Operations Management*, Allyn and Bacon, 1995.

[그림 6-1]은 헤스켓 등(Heskett et al., 1994)의 연구에서 언급된 서비스 수익 체인(Service Profit Chain)상의 서비스 기업 내부, 즉 운영 전략과 서비스 전달시스템 체인을 분리하여 자세하게 살펴본 서비스 전달시스템의 구성요소이다.[22] 간단히 말해서 서비스 수익 체인이란 '고객만족과 고객 충성도에 의해 회사의 수익이 결정된다는 이론의 전제하에 고객의 가치를 높게 평가하는 것' 을 말한다.[23]

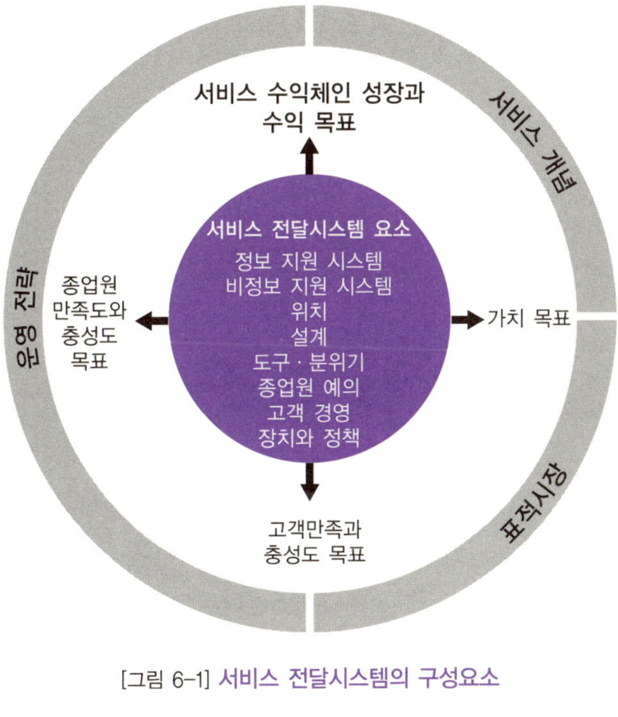

[그림 6-1] 서비스 전달시스템의 구성요소

22) Heskett, J.L., Thomas, O.J., Loveman, G.W., Sasser, W.E. and Schlesinger, L.A., "Putting the Service Profit Chain to Work," Harvard Business Review, 72(2), 1994, pp.164-174

서비스 전달시스템은 [그림 6-1]과 같이 '정보 및 비정보 지원시스템, 위치, 설계, 고객관리를 위한 도구, 무대 장식, 분위기 그리고 종업원들의 즐거움 등의 총체적 합' 으로 정의할 수 있으며, 이러한 요소들에 의해 서비스 수익 체인이라는 새로운 이론이 가능하게 되었다.[24)]

쇼스택은 앞에서 설명한 것과 같이 서비스 프로세스(service process), 즉 서비스 전달시스템의 개념을 복잡성과 다양성으로 구분하여 프로세스 관점에서 서비스의 속성을 파악하고자 하였다.[25)] 즉, '서비스 전달시스템이란 서비스 조직이 고객에게 서비스를 제공하는 내부 프로세스이다.' 라고 정의하였다. 이 같은 서비스 조직의 서비스 전달시스템을 분석하는 대표적인 기법으로, 쇼스택의 서비스 청사진(service blueprint)과 킹맨-브런디지(Kingman-Brundage, 1989)의 서비스 맵(service map)이 있다.[26)] 서비스 청사진은 고객 동선을 기준으로 내부고객의 서비스 흐름을 도식화한 그림으로 고객의 대기, 내부고객의 실수 등의 정보를 제공해주는 일종의 서비스 전달시스템 지도라고 할 수 있다. 서비스 맵은

---

23) Walker, R.H., Johnson, L.W. and Leonard, S., "Re-thinking the Conceptualization of Customer Value and Service Quality within the Service-profit Chain," Managing Service Quality, 16(1), 2006, pp.23-36

24) 서비스경영연구회 편역, 「서비스수익체인」, 삼성경제연구소, 2000.

25) Shostack G.L., "Service Positioning through Structural Change," Journal of Marketing, 51(January), 1987, pp.34-43

26) Shostack G.L., "How to Design a Service," in Donnelly, J.H., and George, W.R. , (Eds.), Marketing of Services, AMA, Chicago, IL, 1981.
Kingman-Brundage J., "The ABC's of Service System Blueprinting," in M.J. Bitner and Cosby, L.A., (Eds.), Designing a winning service strategy, AMA, Chicago, IL, 1989.
Kingman-Brundage J., "Blueprinting for the Bottom line," Service Excellence: Marketing's Impact on Performance, AMA, Chicago, IL, 1989.

서비스 청사진을 확장한 기법으로 서비스 조직의 자원 할당과 내부 · 외부 고객만족 등의 문제를 해결할 수 있도록 지원해주는 기법이라 할 수 있다. 서비스 청사진과 서비스 맵 기법 모두 도식화 기준은 서비스 전달시스템의 파악에서부터 시작된다.

남기찬 등(2008)의 연구에서 제시하는 서비스 분석 방법론은 '기업 내부 자원의 조직화에 필요한 서비스 라이프사이클 4단계(서비스 전략 및 설계, 생산 및 전달, 운영 및 유지, 평가 및 향상)와 고객의 서비스 경험 극대화를 위한 네트워크(가치행위 네트워크, 자원통합자 네트워크, 역량 네트워크)'로 구성되어 있다.

이와 같이 서비스 전달시스템 분석 기법의 가장 큰 특징은 대부분이 정성적으로 서비스 전달시스템을 분석하고 있다는 것이다. 박근완과 박광태(2008)는 서비스 청사진에 대한 문헌조사에서, 서비스 전달시스템에 대한 대표적인 정성적 분석 기법인 '서비스 청사진과 서비스 맵'을 사용한 연구조차도 2008년 당시 국내는 5편 이하이고, 국외의 경우도 30편 이하라고 언급하였다.[27]

이제 서비스 조직의 서비스 전달시스템을 정량적으로 분석할 수 있게 해주는 '서비스 전달시스템 분석 방법론'을 제시하고자 한다.

27) 박근완 · 박광태, "서비스청사진을 이용한 병원 서비스 개선방안에 관한 연구", 한국 IT서비스학회지, 7(2), 2008, pp.223-242

서비스 전달시스템 분석 방법론

치과 의료서비스에의 적용

서비스 전달시스템 분석 방법

[그림 6-2]는 서비스 조직의 서비스 전달시스템을 정량적으로 분석할 수 있는 '서비스 전달시스템 분석 방법' 을 보여주고 있다. 간단히 설명하면 다음과 같다.

① 서비스 조직의 서비스 전달시스템을 분석한다.

② 분석된 서비스 전달시스템을 기반으로 각 서비스 단계에서 고객이 지각하는 유형서비스와 무형서비스, 서비스 시간, 서비스 비용을 파악한다. 서비스 단계에서의 서비스 비용 산출 방법은 전체 서비스 비용을 조사한 후, 각 서비스 단계에서의 내부고객(종업원)에 대한 수익배분 비율을 기준으로 산정한다(수익배분 비율은 서비스 조직의 내부 관계자와의 인터뷰를 기반으로 파악한다).

③ 구조방정식모형 분석을 기반으로 각 서비스 단계의 서비스 가치와 '유형서비스, 무형서비스, 서비스 비용, 서비스 시간' 간의 관계를 분석한다.

I. 서비스 전달시스템 분석

- 서비스 접점 분석(고객 동선 파악)
- 서비스 접점상의 해당 근무 직원 파악

II. 서비스 단계의 특성 파악(데이터 수집)

- 서비스 단계를 고려한 유형/무형 서비스, 서비스 시간 및 서비스 비용 파악

III. 구조방정식모형(SEM) 분석을 통한 서비스 전달시스템 분석

- 각 서비스 단계에서의 서비스 가치와 변수(유형/무형 서비스, 서비스 시간, 서비스 비용) 간의 관계 분석

[그림 6-2] 서비스 전달시스템 분석 방법

서비스 전달시스템 분석

[그림 6-3]은 일반적인 치과 의료서비스의 서비스 단계이다. 서비스 접점은 크게 네 가지로 구분이 가능하다. 우선 병원 방문 시 행정직원과의 '진료 접수 및 진료 대기' 접점, 진료의사와 '진료' 접점, 위생사와 '진료 후 마무리' 접점, 끝으로 진료 후 행정직원과 '수납 및 재진료

예약' 접점으로 서비스 단계를 구분할 수 있다. 서비스 조직의 서비스 단계 구분은 그림과 같이 서비스 접점(외부고객(환자)과 내부고객(종업원)이 만나는 순간)을 기준으로 할 경우 명확하게 구분할 수 있는 특징을 지닌다.

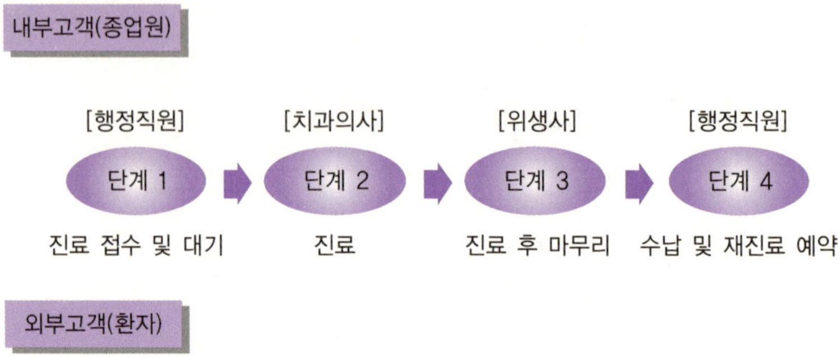

[그림 6-3] 서비스 전달 단계

서비스 단계의 특성 파악(데이터 수집): 설문문항 및 조사도구

사례 분석에 사용한 데이터는 치과 진료를 받아본 경험이 있는 사람들을 대상으로 수집하였다. 설문지는 총 112부를 수거하여 주요 응답 미기재 및 부실한 설문지를 제외한 최종 59개의 설문지를 분석에 사용하였다(중요 변수가 누락된 경우의 설문은 제거함). 설문 문항은 리커트(Likert) 5점 척도(매우 불만족: 1~매우 만족: 5), 100점 만점 기준으로의 점수, 서비스 시간 및 서비스 비용으로 파악하였고, 분석은 SPSS 12.0과 Visual PLS 1.04a를 사용하여 통계 처리하였다.

〈표 6-1〉은 응답자의 인구통계학적 특성을 분석한 표이다. 분석 결

〈표 6-1〉 응답자의 인구통계학적 특성

구분		인원(59명)	비율(%)
방문 병원 유형	개인병원	54	91.5
	종합병원	4	6.8
	기타	1	1.7
성별	남	34	57.6
	여	25	42.4
나이	~20세	14	23.7
	21~30세	40	67.8
	31~40세	5	8.5
결혼 여부	미혼	56	94.9
	기혼	3	5.1
학력	고등학교 졸업	26	44.1
	전문대학 졸업	1	1.7
	대학교 졸업	24	40.7
	대학원 졸업	8	13.6
직업	전문직	4	6.8
	관리/경영직	2	3.4
	행정직/공무원	2	3.4
	사무직	7	11.9
	판매/서비스직	1	1.7
	학생	40	67.8
	무직	1	1.7
	기타	2	3.4
초진 여부	초진	20	33.9
	재진	39	66.1
가구 소득	99만 원 이하	6	10.3
	100~199만 원 이하	8	13.8
	200~299만 원 이하	10	17.2
	300~399만 원 이하	6	10.3
	400~499만 원 이하	11	19
	500만 원 이상	17	29.3

가구소득: 결측 1명

과 개인병원을 이용한 응답자가 대부분이었으며(91.5%), 20대의 고객이 많은 것을 볼 수 있다. 대부분 미혼인 응답자(94.9%)였으며, 성별은 남성 57.6%, 여성 42.4%로 나타났다. 고객 구분에 있어서는 초진보다 재진 환자가 66.1%로 많았으며, 직업의 경우는 대부분이 학생(67.8%)인 것으로 나타났다. 표본 수는 총 59명으로, 적은 자료임을 감안하여 PLS(Partial Least Square) 분석을 실시하였다.

〈표 6-2〉는 사례 분석에서 사용한 차원, 설문문항 및 기술통계량을 정리한 표이다. 설문문항마다 리커트 5점 척도와 100점 만점 시 해당 점수를 기입하게 하였고, 연구에 사용된 데이터는 이 두 자료의 곱으로 변환하여 분석하였다.

연구모형에서 사용한 차원에 대해 정의하자면, 유형서비스는 '눈에 보이는 서비스'로 각 서비스 단계의 '시설환경' 부분의 만족도로 측정하였다. 무형서비스는 '눈에 보이지 않는 서비스'로 각 서비스 단계에 종사하는 내부고객(행정직원, 치과의사, 위생사)의 친절도로 측정하였다. 서비스 시간은 '각 서비스 단계에서 소요된 서비스 시간'을 의미하며, 서비스 비용은 '고객이 각 서비스 단계에서 지불한 서비스 비용'을 의미한다. 서비스 비용의 측정은 총 서비스 비용에 대한 답변을 기준으로 하였다. 치과병원의 수익에 대한 병원 내부 관계자의 수익 배분 비율은 인터뷰 결과를 바탕으로 '서비스 단계 1의 접수 및 진료 대기' 부분의 행정직원은 전체 서비스 비용의 10%를, '서비스 단계 2의 진료' 부분의 치과의사는 전체 서비스 비용의 50%를, '서비스 단계 3의 진료 후 마무리' 부분의 위생사는 전체 서비스 비용의 30%를, 마지막으로 '서비스 단계 4의 수납 및 재진료' 예약 부분의 행정직원은 전체 서비스 비용의 10%를 산정하였다. 서비스 가치는 '치과 진료

〈표 6-2〉 설문문항 및 기술통계량

서비스 단계	변수	내용	평균(편차)
단계 1 접수 및 진료 대기	유형 서비스	'접수 및 진료 대기' 부문의 시설환경(소파, 비치 도서, 자판기, 인테리어 등)에 만족하세요?	311.71(91.19)
	무형 서비스	'접수 및 진료 대기' 부문의 행정직원 친절에 만족하세요?	293.44(98.27)
	서비스 시간	'접수 및 진료 대기' 시간이 대략적으로 얼마나 걸리셨나요?	17.36(9.47)
	서비스 가치	이용한 병원의 '접수 및 진료 대기' 부문의 서비스 가치는 어느 정도라고 생각하세요?	274.73(98.65)
단계 2 진료	유형 서비스	'진료(치료)' 부문의 시설환경(진료 도구/장비, 진료실 환경 및 청결)에 만족하세요?	314.86(95.16)
	무형 서비스	'진료(치료)' 부문의 의사 친절에 만족하세요?	316.86(98.74)
	서비스 시간	'진료(치료)' 시간이 대략적으로 얼마나 걸리셨나요?	25.86(15.78)
	서비스 가치	이용한 병원의 '진료(치료)' 부문의 서비스 가치는 어느 정도라고 생각하세요?	330.29(100.48)
단계 3 진료 후 마무리	유형 서비스	'진료 후 마무리' 부문의 시설환경(진료 도구/장비, 진료실 환경 및 청결)에 만족하세요?	293.42(102.40)
	무형 서비스	'진료 후 마무리' 부문의 위생사의 친절에 만족하세요?	291.81(101.50)
	서비스 시간	'진료 후 마무리' 시간이 대략적으로 얼마나 걸리셨나요?	7.94(4.81)
	서비스 가치	이용한 병원의 '진료 후 마무리' 부문의 서비스가치는 어느 정도라고 생각하세요?	262.78(111.30)
단계 4 수납 및 재진료 예약	유형 서비스	'수납 및 재진료 예약' 부문의 시설환경(수납창구 상태 및 청결 등)에 만족하세요?	311.46(99.40)
	무형 서비스	'수납 및 재진료 예약' 부문의 행정직원 친절에 만족하세요?	306.27(111.58)
	서비스 시간	'수납 및 재진료 예약' 시간이 대략적으로 얼마나 걸리셨나요?	6.55(4.45)
	서비스 가치	이용한 병원의 '수납 및 재진료 예약' 부문의 서비스 가치는 어느 정도라고 생각하세요?	291.22(121.67)

표본 크기=59

서비스에서의 각 서비스 단계에 대한 고객이 지각한 서비스가치' 를 의미한다.

〈표 6-3〉은 서비스 단계에 따른 변수(유형서비스, 무형서비스, 서비스 시간, 서비스 비용)의 일원배치 분산분석과 다중비교 결과이다. 각 서비스 단계에서 변수(유형서비스, 무형서비스, 서비스 비용, 서비스 시간)에 대한 1:1 평균치 비교를 위해, 서비스 단계별 샘플 수가 서로 같고 엄격도가 비교적 높은 다중비교 방법인 투키(Tukey)의 HSD(Honestly Significant Difference) 검정 방법을 사용하여 사후검정하였다. 분석 결과 서비스 단계에 따른 유형·무형 서비스 품질에는 통계적으로 유의한 차이가 없는 것으로 나타났고, 서비스 시간과 서비스 비용, 서비스 가치는 서비스 단계에 따

〈표 6-3〉 서비스 단계에 따른 변수 간의 차이 검정

연구 내용	SS	DF	MS	F	p
유형서비스	16829.593	3	5609.864	0.595	0.619
무형서비스	24554.691	3	8184.897	0.777	0.508
서비스 시간	14369.376	3	4789.792	50.184	0.000
사후검정 (Tukey HSD)	$T_1 \neq T_2^{**}$ $T_1 \neq T_3^{**}$ $T_1 \neq T_4^{**}$ $T_2 \neq T_3^{**}$ $T_2 \neq T_4^{**}$				
서비스 비용	7068862.182	3	2356287.394	13.253	0.000
사후검정 (Tukey HSD)	$C_1 \neq C_2^{**}$ $C_1 \neq C_3^{*}$ $C_2 \neq C_3^{*}$ $C_2 \neq C_4^{**}$ $C_3 \neq C_4^{*}$				
서비스 가치	153313.712	3	51104.571	4.347	0.005
사후검정 (Tukey HSD)	$SV_1 \neq SV_2^{*}$ $SV_2 \neq SV_3^{**}$				

$^{**}p<0.01$, $^{*}p<0.05$

라 통계적으로 유의한 차이가 있는 것으로 나타났다.

사후검정 결과에 대해 해석하자면 서비스 시간의 경우, '접수 및 진료 대기 시간(T_1)과 진료 시간(T_2)', '접수 및 진료 대기 시간(T_1)과 진료 후 마무리 시간(T_3)', '접수 및 진료 대기 시간(T_1)과 수납 및 재진료 예약 시간(T_4)', '진료 시간(T_2)과 진료 후 마무리 시간(T_3)', '진료 시간(T_2)과 수납 및 재진료 예약 시간(T_4)'이 통계적으로 유의한 차이가 있는 것으로 나타났다.

서비스 비용의 경우, '접수 및 진료 대기 비용(C_1)과 진료 비용(C_2)', '접수 및 진료 대기 비용(C_1)과 진료 후 마무리 비용(C_3)', '진료 비용(C_2)과 진료 후 마무리 비용(C_3)', '진료 비용(C_2)과 수납 및 재진료 예약 비용(C_4)', '진료 후 마무리 비용(C_3)과 수납 및 재진료 예약 비용(C_4)'이 통계적으로 유의한 차이가 있는 것으로 나타났다.

서비스 가치의 경우, '접수 및 진료 대기의 서비스 가치(SV_1)와 진료의 서비스 가치(SV_2)', '진료의 서비스 가치(SV_2)와 진료 후 마무리의 서비스 가치(SV_3)'가 통계적으로 유의한 차이가 있는 것으로 나타났다.

구조방정식모형(SEM)을 통한 서비스 전달시스템 분석

[그림 6-4]는 서비스 조직의 서비스 전달시스템을 보여주고 있다. 각 서비스 단계의 구분 기준은 서비스 접점으로 정의할 수 있으며, 이러한 서비스 접점은 일련의 순서를 가지고 있다. 여기서 중요한 점은 고객의 서비스에 대한 지각이 서비스 단계에 따라 다를 수 있다는 것이고, 각 서비스 단계에서 고객이 지각하는 서비스 속성은 다음의 서비스

단계에 영향을 줄 수 있다는 것이다. 각 서비스 단계의 속성은 크게 '눈에 보이는 유형서비스(tangible service)'와 '눈에 보이지 않는 무형서비스(intangible service)', '각 서비스 단계에 소요되는 서비스 시간(service time)'과 '각 서비스 단계에서 고객이 지불하는 서비스 비용(service cost)'으로 구분할 수 있다. 이러한 네 가지 변수는 각 서비스 단계에서 독립적으로 파악되며, 고객이 지각하는 서비스에 대한 지각도 서로 다르다고 할 수 있다.

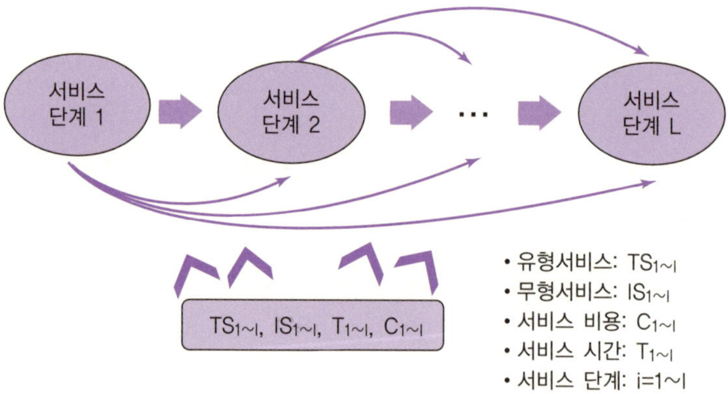

[그림 6-4] 서비스 조직의 서비스 전달시스템

〈표 6-4〉는 서비스 단계의 서비스 가치에 대한 피어슨 상관분석 결과이다. 서비스 단계인 '접수 및 진료 대기, 진료, 진료 후 마무리, 수납 및 재진료 예약' 부분의 서비스 가치 모두 통계적으로 유의한 연관성을 보이는 것으로 나타났다. 이는 각 서비스 단계에서 고객이 지각하는 서비스 가치 속성이 이후 또는 이전의 서비스 단계와 서로 관련

〈표 6-4〉 서비스 가치에 대한 상관분석

차원	SV_1	SV_2	SV_3	SV_4
단계 1: SV_1	1			
단계 2: SV_2	0.394(**)	1		
단계 3: SV_3	0.523(**)	0.661(**)	1	
단계 4: SV_4	0.439(**)	0.420(**)	0.673(**)	1

**$p<0.01$, 양측검정 결과임

이 있다는 것을 의미한다.

[그림 6-5]는 치과병원의 서비스 전달시스템을 분석할 수 있는 구조방정식모형(Structural Equation Model; SEM)이다. 각 서비스 단계의 유형서비스(TS_i), 무형서비스(IS_i), 서비스 시간(T_i), 서비스 비용(C_i)은 서비스 가치(SV_i)에 영향을 미친다. 구조방정식모형은 형성모형(formative model)으로, 네 가지 잠재변수(유형서비스, 무형서비스, 서비스 시간, 서비스 비용)에 대한 지표(indicator) 역시 형성지표(formative indicator)로 구성하였다. 형성모형은 변수(SV_i)와 변수(TS_i, IS_i, T_i, C_i) 간의 관계를 분석하는 것이 주목적이므로 지표에 대한 요인분석(factor analysis), 측정모형(measurement model), 신뢰도분석(reliability analysis) 및 판별타당성(discriminant validity) 등의 분석 절차 없이 진행된다. 또한 PLS를 이용한 SEM 분석이므로, 모형적합도(model fit)에 대한 정보를 파악할 수 없다. 즉, 연구모형에 있어 각 변수 간의 관계를 파악하는 것이 목적이라 할 수 있다. 또한 적은 자료를 기반으로 분석하므로 PLS의 적용이 더 효과적이라 할 수 있다.

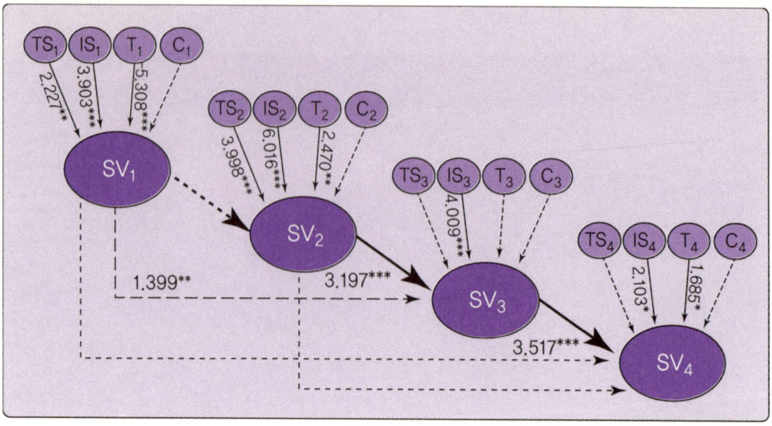

*p<0.05, **p<0.01, ***p<0.001

[그림 6-5] 구조방정식모형과 분석 결과

그림의 실선은 유의한 경로계수를 의미하고, 점선은 유의하지 않은 경로계수를 의미한다. 끝으로 파선(SV$_1$ → SV$_3$)은 신뢰수준 90%에서 유의한 경로를 의미한다.

SEM 결과를 해석하면, 접수 및 진료 대기(서비스 단계 1) 부분의 서비스 가치에는 유형서비스(+)와 무형서비스(+), 서비스 시간(–)이 유의한 영향을 미치는 것을 볼 수 있다. 즉, '접수 및 진료 대기' 부분의 경우 유형서비스와 무형서비스가 증가할수록 서비스 가치가 향상된다는 것을 의미한다. 서비스 시간의 경우는 시간이 증가하면 서비스 가치가 감소한다고 해석할 수 있다. 서비스 단계 1의 서비스 시간은 '접수 및 진료 대기' 시간이므로 고객 대기 시간에 대한 관리가 중요하다는 것을 의미한다. 경로계수의 값(–5.308)도 상당히 높은 것을 볼 수 있다. 따라서 '접수 및 진료 시간'의 서비스 시간에 대한 관리가 매우 중요하다고 할 수 있다.

진료(서비스 단계 2) 부분의 서비스 가치에는 '접수 및 진료 대기(서비스 단계 1) 부분의 서비스 가치' 와 동일하게 유형서비스(+)와 무형서비스(+), 서비스 시간(+)이 유의한 영향을 미치는 것을 볼 수 있다. 하지만 서비스 시간의 경우 양의 관계를 나타내고 있는데, 서비스 시간이 증가할수록 '진료' 부분의 서비스 가치 또한 증가한다고 해석할 수 있다.

이 같은 연구 결과는 서비스 속성의 통합적 연구, 즉 차원 중심의 서비스 속성 연구들이 파악하지 못하는 점을 보여주고 있다. 서비스 단계에 따라 동일한 변수라 할지라도 고객이 서로 다르게 판단한다는 것이다. 추가하여 해석하자면 진료(서비스 단계 2) 서비스의 경우 무형서비스에 대한 관리가 매우 중요하다고 말할 수 있고(경로계수: 6.016), 진료 부분의 서비스 가치를 향상시키기 위해서는 진료 서비스 시간을 증가시키는 것이 바람직하다는 것을 알 수 있다.

진료 후 마무리(서비스 단계 3) 부분의 서비스 가치에는 무형서비스(+)만이 서비스 가치에 영향을 주는 것으로 나타났고, 수납 및 재진료 예약(서비스 단계 4) 부분의 서비스 가치의 경우 무형서비스(+)와 서비스 시간(+)이 서비스 가치에 영향을 주는 것으로 나타났다.

이처럼 동일 변수라 할지라도 서비스 단계를 기준으로 살펴보면 서로 다른 결과가 나타나는 것을 볼 수 있다. 이 같은 결과는 서비스 전달시스템을 기준으로 서비스 속성을 파악해야 한다는 본 연구의 타당성을 제시해준다고 할 수 있다.

서비스 가치 간의 연관성의 경우, 접수 및 진료 대기(서비스 단계 1) 부분의 서비스 가치(SV_1)는 진료 부분의 서비스 가치(SV_2)에 영향을 주지 않는 것으로 나타났지만, 진료(서비스 단계 2) 부분의 서비스 가치(SV_2)는 진료 후 마무리 부분의 서비스 가치(SV_3)에 영향을 주는 것으로 나타났다. 그리고 진료 후 마무리 부분의 서비스 가치(SV_3) 역시 수납 및 재진료 예약(서비스 단계 4) 부분의 서비스 가치(SV_4)에 영향을 주는 것으로 나타났다. 끝으로 지연효과를 파악하는 서비스 단계 1과 서비스 단계 3, 서비스 단계 1과 서비스 단계 4 그리고 서비스 단계 2와 서비스 단계 4의 서비스 가치 간 관계에 있어서는 서로 영향을 주지 않는 것으로 나타났다. 하지만 신뢰수준 90%를 기준으로 보면, 접수 및 진료 대기(서비스 단계 1) 부분의 서비스 가치(SV_1)가 진료 후 마무리(서비스 단계 3)의 서비스가치(SV_3)에 유의한 영향을 미치는 것을 볼 수 있다.

〈표 6-5〉는 [그림 6-4]의 SEM 분석 결과를 요약한 것이다. 네 가지 서비스 단계의 서비스 가치에 모두 영향을 준 변수는 무형서비스 변수였고, 서비스 시간 변수는 진료 후 마무리(서비스 단계 3) 부분을 제외하고 모두 서비스 가치와 유의한 관계를 보이는 것을 알 수 있다. 서비스 비용의 경우 네 가지 서비스 단계의 서비스 가치에 영향을 미치지 않는 것으로 나타났다.

〈표 6-5〉 분석 결과 요약

경로				부표본 평균	T-통계량
서비스 가치 간의 관계	서비스 가치 1	→	서비스 가치 2	0.080	0.909
	서비스 가치 2	→	서비스 가치 3	0.325	3.197***
	서비스 가치 3	→	서비스 가치 4	0.538	3.517***
	서비스 가치 1	→	서비스 가치 3	0.117	1.399**
	서비스 가치 1	→	서비스 가치 4	0.117	0.873
	서비스 가치 2	→	서비스 가치 4	−0.213	−1.201
단계 1 접수 및 진료 대기	유형서비스	→	서비스 가치 1	0.284	2.227**
	무형서비스	→		0.408	3.903***
	서비스 시간	→		−0.361	−5.308***
	서비스 비용	→		0.071	0.433
단계 2 진료	유형서비스	→	서비스 가치 2	0.364	3.998***
	무형서비스	→		0.488	6.016***
	서비스 시간	→		0.215	2.470**
	서비스 비용	→		−0.089	−1.134
단계 3 진료 후 마무리	유형서비스	→	서비스 가치 3	0.118	1.053
	무형서비스	→		0.498	4.009***
	서비스 시간	→		−0.064	−0.107
	서비스 비용	→		0.053	0.088
단계 4 수납 및 재진료 예약	유형서비스	→	서비스 가치 4	−0.136	−0.119
	무형서비스	→		0.389	2.103*
	서비스 시간	→		0.118	1.685*
	서비스 비용	→		0.092	1.260

부트스트랩(bootstrap) 옵션 : 추출된 표본의 수 1000, 표본당 경우의 수 100
*p<0.05, **p<0.01, ***p<0.001

[그림 5-6]은 사례 분석 결과를 요약하여 도식화한 것이다. 가로축은 서비스 단계를 의미하고, 세로축은 무형서비스, 유형서비스, 서비스 시간 및 서비스 비용을 의미한다. 도표 안의 점수는 각 서비스 단계에서의 변수들에 대한 평균을 의미하는데, 유형서비스와 무형서비스의 경우 5점 리커트 척도로 도식화하였다. 서비스 시간의 단위는 분이고, 서비스 비용의 단위는 만 원이다. 도표 안의 짙게 표시된 부분은 SEM 분석 결과 각 단계의 서비스 가치와 해당 변수 간의 관계가 유의한 경우를 나타낸다.

간단히 해석하자면, 유형서비스의 경우 '접수 및 진료 대기'와 '진료' 서비스 단계의 서비스 가치에 유의한 영향을 미치는 것을 볼 수 있다. 무형서비스의 경우에는 모든 서비스 단계의 서비스 가치에 유의한 영향을 미치는 것을 볼 수 있다. 이에 무형서비스는 본 연구에서 설정한 네 가지 변수 중 가장 중요한 변수라 할 수 있다. 서비스 시간의 경우 '접수 및 진료 대기' 부분의 고객 대기 시간이 상당히 긴 것을 볼 수 있다. 이 같은 특성은 SEM 결과에서도 나타나는데, 이는 '접수 및 진료대기' 부분의 고객 대기 시간에 대한 관리가 중요함을 의미한다. 서비스 비용의 경우는 각 서비스 단계의 서비스 가치와 유의한 영향력을 보이지 않았고, 진료 부분의 서비스 비용이 다른 서비스 비용보다 상당히 큰 것을 알 수 있다.

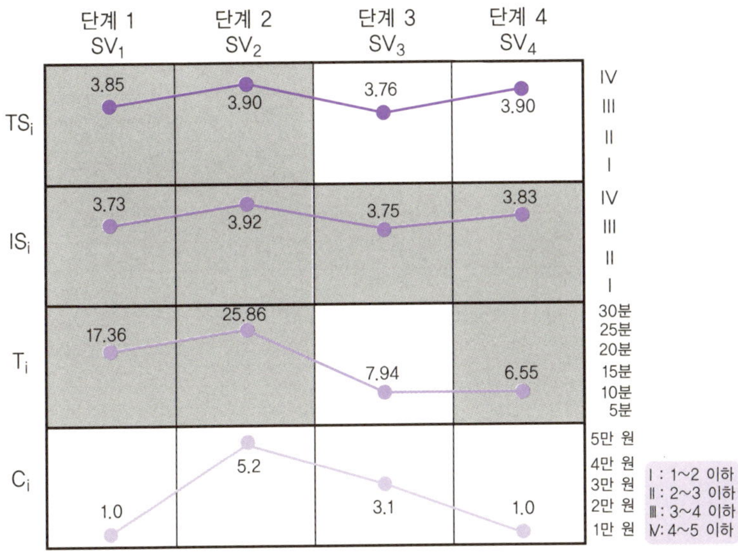

[그림 6-6] 분석 결과 도식화

이상에서 본 바와 같이 치과 의료서비스를 분석해보면 동일한 변수라 할지라도 서비스 단계에 따라 서로 다른 특성이 나타난다. 이는 서비스의 속성을 파악하기 위한 차원 중심의 통합적 접근 방법이 갖는 오류를 지적해주는 결과라 할 수 있다. 즉, 서비스 속성을 더욱 자세히 파악하기 위해서는 차원 중심의 통합적 관점보다는 프로세스 접근 방법으로 파악하는 것이 효과적임을 시사해준다고 할 수 있다.

본 연구의 한계점으로 본 연구에 사용된 데이터의 인구 통계 변수에 치우침이 있다는 것을 들 수 있다. 또한 적은 자료임을 감안하여 PLS 분석을 수행하였지만 [그림 6-5]에 주어진 연구모형의 적합성을 파악할 수 없다는 것도 한계점이라 할 수 있다.

치과 의료서비스의 경우 서비스 전달시스템이 비교적 단순하므로, '서비스 전달시스템 분석 방법론'의 효과를 더욱 확실히 검증하기 위해서는 추후 서비스 전달시스템이 복잡한 서비스업종을 대상으로 분석을 수행하는 것이 좋을 것이다. 또한 공분산 기반하의 SEM(AMOS, LISREL) 분석 방법을 적용하여 [그림 6-5]의 연구모형에 대한 모형 적합도를 평가하는 것도 의미가 있을 것이다. 끝으로 치료 유형을 감안하여 서비스 비용을 산정하면 서비스 비용에 대한 더욱 합리적인 비용배분이 가능할 것이다.

찾아보기

ㅇ

지식 경제 시대의
서비스사이언스

초판 1쇄 인쇄 2011년 2월 21일
초판 1쇄 발행 2011년 2월 25일

저　자 김광재, 김용세, 김현수, 박광태, 박근완,
양인석, 이강윤, 이상원, 임호순, 현소영
펴낸이 김승기
펴낸곳 생능출판사

주소 경기도 파주시 교하읍 문발리 507-12
파주출판도시(413-756)
전화 (031)955-0761
팩스 (031)955-0768
등록 제16-1751호
1998년 10월 2일

홈페이지 http://www.booksr.co.kr

ISBN 978-89-7050-684-5 93320

정가 15,000원